大 学 问

始 于 问 而 终 于 明

守望学术的视界

困学戹言

史学家刘家和先生的学术和生活自述

刘家和 口述 陈宁 整理

广西师范大学出版社
·桂林·

困学卮言：史学家刘家和先生的学术和生活自述
KUNXUE ZHIYAN: SHIXUEJIA LIU JIAHE XIANSHENG DE XUESHU HE SHENGHUO ZISHU

图书在版编目（CIP）数据

困学卮言：史学家刘家和先生的学术和生活自述 / 刘家和口述；陈宁整理. -- 桂林：广西师范大学出版社, 2025.1. -- ISBN 978-7-5598-7571-6

Ⅰ．K825.81

中国国家版本馆 CIP 数据核字第 202468KP46 号

广西师范大学出版社出版发行

（广西桂林市五里店路 9 号　邮政编码：541004）
网址：http://www.bbtpress.com
出版人：黄轩庄
全国新华书店经销
广西民族印刷包装集团有限公司印刷
（南宁市高新区高新三路 1 号　邮政编码：530007）
开本：880 mm ×1 240 mm　1/32
印张：8.625　　字数：180 千
2025 年 1 月第 1 版　　2025 年 1 月第 1 次印刷
定价：78.00 元

如发现印装质量问题，影响阅读，请与出版社发行部门联系调换。

序言

本书是对刘家和先生学术思想和生活自述的记录。

2016年年底,刘先生与我联系,希望与我进行一个合作项目:将他的学术思想记录并整理出来。从2017年2月开始,我每周三下午(逢年过节除外)去他家里,听时年八十九岁的刘先生口述。每次我都用手机录音,同时记笔记,没有听清楚的地方随时提问。回家后根据录音和笔记将内容输入电脑。这项工作一直持续到2018年的5月。

刘先生每次谈话都有一个特定的主题,但也会偏离主题,涉及其他话题。同一个主题时而会出现在不同的谈话中。我在整理交谈内容时,将话题相同的部分归于一类,将一年零四个月的内容总共编出二十个篇章。也就是说,每一篇不是一次性的讲话稿,而是"合并同类项"的结果。为了使每一篇在前后内容上有一定的逻辑关系，我擅自加入了一些连接词或句子。另外，我对刘先生的口述做了一些文字润色的工作，弱化了内容的口语性质。当然，书中若有不确和不当之处，当由笔者（陈宁）负责。

2018年谈话接近尾声时，国家图书馆邀请刘先生去讲演，讲演内容有专人记录并且出版成书。在内容上，彼书与此书有重叠部分，但少于此书，不仅同一篇目下的内容少，而且篇目的种类也不全。本书最有价值的部分是刘先生对比较历史进行哲学思考的纪要，不仅是他自己所写，而且是他前后十年的思考记录。读者可以了解他是如何在哲学高度上进行思考和对学术如此执着和认真的态度。

书名《困学厄言》是刘先生最初为本书自定的。

最后，真诚地感谢邵东方博士和杜小敬先生通校书稿。

目 录

谈读书 001

谈已知未知之间 023

谈补短板之一 037

谈补短板之二 045

谈挑战 053

谈有限与无限 061

谈自由的概念 065

谈音韵 075

谈清代学术 081

谈陈垣先生的学术 093

谈学外文 105

谈中西历史比较 119

谈历史理性与逻辑理性 137

谈西方哲学 163

谈师友 185

谈晚辈 207

谈江南大学 215

谈做人 227

谈生活 241

历史比较研究的思路纪要 247

关于比较和不可公度性问题纲要 261

谈读书

"读"是最常用的字,凡是会汉语的,几乎人人都认识。说"读书",也人人皆知其义。不过,如果细说,那么还是相当曲折而且有趣的。

要想读白话文,查《现代汉语词典》就可以了。如果要读古书并确知其义,那么还得追本求源,读东汉许慎所作《说文解字》。为什么这样说呢?以下略为举例以说明。

首先,请看《说文解字》言部三个与读有关的字:"讽,诵也。""诵,讽也。""读,诵书也。"在徐铉(大徐)等受宋太宗之命校订的版本里就是这样写的。按《说文》大徐本直至清代还算是最好的传世版本。如果只看这些文字,我们大概还难以说明其中异同。据《周礼·春官·大司乐》记,大司乐的职责之一是"以乐语教国子兴、道、讽、诵、言、语"。郑玄注:"兴者,以善物喻善事。道读曰导。导者,言以古訏今也。倍文曰讽,以声节之曰诵,发端曰言,答述曰语。"贾公彦进一步指出:"此亦皆背文,但讽是直言之,无吟咏;诵则非直背文,又为吟咏。"合郑、贾二人的解释,倍文是背诵,讽是直言,诵是吟咏。因此,读书不是默念,而是要发出声音,犹如今天所说的朗诵或者背诵。

朗诵重要吗?朱熹曾说,读书有"三到":心到、眼到、口到。心到最重要,若心不在焉,不走脑子,眼、口所做的仅是简单的机械运动,对理解和记忆无补。但是,我想通过自己的读书体会来说明朗读和背诵的重要性。过去的私塾教育,学子少不了要背诵《三字经》《百家姓》《幼学琼林》《四书》等书。先生授课,教幼童识字,但不重内容的讲解,主要是在课本上标出句读和平仄,带学生读;下次上课,检查其背诵情况。幼童背书,就是背对着课本和先生。与任何事一样,背书有优点,也有缺点。先说缺点。很多学子对课本内容缺乏了解,又因内容多,压力大,背了后面忘了前面,只求勉强及格,甚至糊弄先生。有位学者朋友告诉我,他儿时背《三字经》,对"逞干戈,尚游说"一直不理解,只是机械背诵。按私塾教育的规矩,体罚是必要的手段。当时的儿歌就反映了这一点:"《大学》《大学》,打得手心脱壳;《中庸》《中庸》,打得屁股血红。"

背诵经典的重要性从多个古代文明的传统中体现出来。声音是人与人之间，甚至很多种动物之间交流对话的媒介。今人面对面交流工具是语言，今人与古人的交流靠文字，但不单纯靠文字本身，还有文字的声音，也就是背诵。背诵先人的东西是多个古代文明的特点。古希腊的《荷马史诗》口传了数百年；古代印度的《摩奴法论》口传的时间更长，佛教和耆那教的经典起初也是代代口传背诵，直到后来才用文字记录下来。古代印度教认为经典诵读出来的声音比文字更重要，因为经文的声音直接来自神，有"天启"（revelation）的性质。中国古代的经典也有过靠背诵流传的传统，尤其是《诗经》和《尚书》。《诗经》最初都是口头创作，口头流传，官府派人去采风，才以文字形式出现。孟子说的"《诗》亡然后《春秋》作"指的就是周王室衰微，无人采风，先王之道才由《春秋》继承下来。秦焚书，《诗》《书》幸亏有口传，才得以保留。

口传经典的缺点是容易失真，语言随时间而发生变化，再有各地区口音不同，这些都会影响内容的精准性。《摩奴法论》基本上每两百年就要重新注一次。汉初伏生口授《尚书》，因有口音，晁错以文字记录下来。

背诵传统的优点有如下三点。

第一，既然人际交流是从语言开始，那么，各类情感语调就尽在其中。出声朗读无疑可以欣赏语言的优美。《三字经》《百家姓》《千字文》都是韵文，《幼学琼林》是骈体文，读起来声韵多变，有平有仄，抑扬顿挫，十分优美。学子即使对内容的理解有限，也仍然能够获得一定的美感享受。背诵使内容在脑子里留下声音的记忆，能够帮助学子对古诗的写作规则留有一定的印象，并为将来写诗作对子打下良好的基础。"口到"的这一优点，单靠"眼到"是很难达到的。

第二，人们普遍认为，精通文字是理解典籍的首要方法，这是对的，其实，诵读也能够帮助理解内容。古希腊和古印度的经典都有断句，中国的古书没有，这就逼迫学子下功夫去掌握断句的本领。诵多了，对古文的语感有了深刻的领悟，对断句无疑有帮助。即使读一篇新出土的文献，也能凭借语感读得顺畅，做出比较准确的断句。中国文字，包括形声字，不能标出准确的读音，从而在意思上容易失准。古文没有词性变格的语法规则，不同词性的字书写相同，而功能不同。比如，《史记·太史公自序》"善善恶恶，贤贤贱不肖"中"恶恶"二字的写法相同而读法相异，因为词性不同，而诵读就可以准确表示这两个字的不同。

第三，背诵就是代替古人朗读，也可以说是使古人再现，从而更能体会作者当时的情感和心境。当然，这需要对文章内容有一定程度的理解。我读私塾时，对课堂上不懂的内容，总是在课后阅读辅助读物来弥补。《三字经》《幼学琼林》等初级读物的内容主要是历史典故，我是在理解其内容的情况下背诵的，从而学到不少知识。对古书内容的理解不仅能够帮助背诵，而且能够拉近与作者的距离。我小时候喜欢背诵古诗古文，这一爱好后来有增无减。对偏爱的作品，经常是反复背诵，无厌倦感，有时甚至还有新的发现。

这与喜欢一首经典名曲一样，每次听都能发现新的欣赏层面，所以才会百听不厌。按照古文的韵律、节奏、平仄朗读某篇作品，仔细玩味作品的内容，使当时的情景并现，你会感觉到自己与作者融为一体。读《湘夫人》，你就是屈原；读《过秦论》，你就是贾谊；读《石钟山记》，你就是苏轼。《湘夫人》："帝子降兮北渚，目眇眇兮愁予。袅袅兮秋风，洞庭波兮木叶下（下读为虎音）。"这是多美的意境！作者当时的情怀与思想还原在你身上，你可以体会到作者的艺术手法，也达到了作者的精神境界。这样的背诵能带来艺术上的享受和思想上的熏陶，增强兴趣，提高学习效果。

下面谈谈"读"。"读"字的本义，除上述的直言背诵或吟咏外，还有更深的一层。《说文》："籀，读书也。"段玉裁论证说：古书中很多地方出现的"籀"字就是"抽绎"的"抽"；"讽籀"二字连文指"讽诵而抽绎之"。从音韵上考察，"籀"与"抽"古音同属幽部澄母，二字相通。"读"的韵母属于侯部，与"籀"相近，可以对转。也就是说，抽绎是读书（籀书）的另一层含义，无论是无声的阅读还是出声的朗读。那么，抽绎什么呢？当然是抽出书中的意义，这就需要读者用心思考，近于朱熹所说的"心到"。

阅读能否抽绎书中的深层含义是学习质量的关键。我们读书，肯定会遇到各种不同的问题。解决读书中的问题从而获得真正的知识，就是荀子说的"解蔽"，也近似于海德格尔经常使用的aletheia一词。这是古希腊文，词根lethe的意思是处于忘却或糊涂的状态，前面加上 a 则构成它的反义词；英文中的对应词是 unclosedness（揭开），unconcealedness（除去掩盖），或 truth（真理）。海德格尔使用这个词，意在论述本体世界是如何被揭示给人们的。我们读书时经常以为自己懂了，其实不懂。而遮蔽我们的一个障碍正是过去已经获得的知识。这一点，荀子早已明察，在他所列举的各种"蔽"中就有"古为蔽"一项。他还明确指出："志也者，藏也……不以所已藏害所将受。""志藏"指知识记忆的储备，"所已藏"指已经获得的知识，"所将受"指尚未获得的知识。下面举例说明。

我小时候背诵王勃的《滕王阁序》，将"君子安贫达人知命"一句理解为：君子安贫、达人、知命，谓语由三个动词与名词的组合构成。如此断句是受到《论语》"己欲达而达人"的影响，孔子的"达人"是动词加名词，而王勃文中的"达人"是名词，该句应为"君子安贫，达人知命"，对仗工整。直到后来我才发现自己这一"古为蔽"的错误，作为"所已藏"的达人之义蔽障了"所将受"的达人之义。饶有趣味的是，知识居然成为求知路上的障碍。

这一错误表明，我们读书学习会经常处于懂与未懂之间，而通过抽绎或者思考去认识并纠正这种错误是有意义的。懂与未懂之间，或从已知到未知这一中间段非常重要，它孕育着新知识，是知识的增长点。通过读书，我认识到自身的不足是永恒的。"讽诵"方面，有能够背出来的，有背不出来的，永远不可能记住所有的内容。"抽绎"方面，有理解的，有未理解的，永远不可能理解所有的内容。只有一点是肯定的：我知道有很多东西是我不知道的。因此，在学习的道路上我永不能满足，经常以此一时的我否定彼一时的我，不仅"觉今是而昨非",而且"望明是而今非"。如果不这样认识自己，就难以排除学习道路上的蔽障，用句医生常说的话："预后不良。"

另一方面，我们在背诵古文的同时，仔细玩味其内容，能够抽绎出很多其他的含义，所以孔子说"学而不思则罔"。我们读《孟子》，都熟悉他说的"王者之迹熄而《诗》亡,《诗》亡然后《春秋》作。晋之《乘》、楚之《梼杌》、鲁之《春秋》，一也。其事则齐桓、晋文，其文则史。孔子曰：'其义则丘窃取之矣。'"。我在反复背诵这段话之后，发现其中有省文。"其事则齐桓、晋文"句后应该有"为之"之类的话，"其文则史"之后应该有"记之"之类的话。我的根据是：在战国时代，"史"字指史官，而非史书，"其文则史"的"史"是史官。《史记》当时叫作《太史公书》，其英译本书名为"The Records of the Grand Historian"，意思非常到位，将"史"译为史学家。

我们阅读学术大家的作品，即刻就能感觉到他们的"出手点"很高。这表现在他们语言文字根底的深厚与他们思维逻辑的严谨，这两方面构成他们的知识结构。语言文字的功底不是一朝一夕建立的，要通过长期的读书习惯方可达成。读书，就包括了讽/诵、籀。我们都知道，西方发达国家在开采自然资源时，精打细算，非常节约；而获得资源后消费时，则非常浪费（比如，美国许多办公大楼在员工下班后仍然整夜灯火通明）。正因为开发资源下了大功夫，后来的浪费才成为可能。而很多发展中国家正相反：开采资源时非常浪费，只顾当前的利益，缺乏长远计划，这是虐待性开采。在学术界，我们看到有些人尚未打好语言文字的基础就急于追求成果，不去下功夫提高自己的理解力而任意"宰割"材料，胡乱猜测地解释材料，如同虐待性开采资源。这种出手点低的现象从反面体现了诵与读的重要性。

读书的本质有两方面。其一，"讽诵"是与古人对话的过程，传统在背诵中延续。声音是内容的本源，文字符号必须符合本源。不能形成声音，古文就缺乏生命。其二，"抽绎"也是一个改错或者否定的过程。抽绎不是一次即可的，而是永久的。对经典之作必须反复研读，每次都会有新收获。新知识是对旧知识的肯定兼否定，肯定其中一部分，否定另外一部分，因为知识不可避免地包含了错误的知识；所有知识都是历史的，知识在不断否定自身。每个人都应该遵循这层意义上的读书之道。

做学问涉及一个胆大与心细的问题。胆越大，心就要越细。做学问是可以犯错误的，当然最好是在成果发表之前。不要怕碰头，要敢于犯错误。读古书，理解错了，没关系，要知道自己为什么读错了，从中吸取教训。胡适讲的"大胆的假设，小心的求证"，是考证方面的。我读历史人物传记，经常读一段以后停下来，猜测人物的命运。在积累了一定的历史知识之后，对人物的性格和行为有了归纳，才可以这样判断。然后接着读，检验自己的判断，对很多情况判断错了，因为各种因素太复杂。这是一种训练，能够帮助自己分析复杂的历史现象。我最开始用这种方法是在江南大学唐至中先生给我们讲《史记·淮阴侯列传》的时候，她深入分析韩信的性格和命运。我非常同情韩信，感觉他属于知识分子类型，与我自己很像。他有理想有抱负，虽然有超人的军事天才，但不擅长搞政治；感情脆弱，没有心计，对别人的小恩小惠，由衷感激，完全相信刘邦"解衣衣我，推食食我"的真诚。反观刘邦，是一个阴险狡诈的小人。

读书应该遵循《中庸》提出的"博学之，审问之，慎思之，明辨之，笃行之"。最重要的是提高能力，将知识变成能力，将能力迅速变成效率。时间有相对的，有绝对的。每人一天都有二十四小时，这是绝对的、公平的，但读书效率高的人的时间相对就多，一天读十卷书没有困难。

我读魏晋南北朝的史学著作，尤其重视史书的注。《三国志》裴松之的注、《世说新语》刘孝标的注，补充了大量材料，非常有价值，不可忽视。

现在欧洲的汉学研究水平比起十九世纪末和二十世纪初的情

况，衰落很多。那时的汉学家非常了不得，都是通才。我们应该向他们学习，从知识结构方面，从看问题的角度方面。

小时候为了学作古文，我听从老师的建议，背《孟子》、《韩非子》和《庄子》，读"三苏"（苏洵、苏轼、苏辙父子三人）批注的《孟子》，但后来换了老师，《孟子》没有背完就停止了。为写古文，学习《孟子》的语言气盛、《韩非子》的思想严密、《庄子》的想象丰富、《荀子》的思考深刻、《史记》的豪气、《汉书》的端庄。当然也读《论语》《墨子》，但不喜欢《墨子》，因语言啰嗦。熟读《汉书》，有助于写对子、挽联、四六文，等等。

读书要像猫准备捕老鼠一样，在老鼠钻进洞里以后，猫一直守在洞口，保持着一种高度警觉的状态，全神贯注。我们要以这样的精神状态来读书。在懒懒散散的状态下读书，半天不懂，没有效率；在猫的状态下读，很快就懂了。我们读书，由于知识局限，肯定会遇到内容很难懂的书。这样的书，即使在猫的状态下读仍然不懂，就先放下，等到我们的知识有了扩展和增加，再重新读，效果就会好一些。容易读的书，也是如此。过去我读《孙子兵法》，觉得很容易，年龄大了以后再读，发现不容易，这是因为理解的深度不同了。知识积累得多，理解也就相对深了。

教授给学生布置要读的书，学生由于时间关系，来不及全读。

在这样的情况下，先看目录，提纲挈领，了解大概，以便将来使用时细读有关内容。这好比新去一个城市，先买张地图，将几条主干道的位置搞清楚，心里有了底。如果去这个城市的某个地方，就知道自己在几条主干道中的相对位置。读了目录，再读序言。看序言里作者介绍的本书的主要观点，这比学生自己读全书去掌握主要观点来得快，是一种捷径。然后对书中某些论述进行精读，分析其论述的逻辑是否合理，做出评判。这样可以训练独立思考的能力，也是教授所期望的。最后，还要读书后的参考书部分。参考书也分层次，有一般的参考书，有稍微专门一点的，有专业的参考书，也有原始材料类的经典著作。从很大的程度上说，一本书的知识结构就体现在参考书里。

什么是"我的书"？有两个解释：经济上的，书归属于我；心灵上的，读书时与作者心灵交通，我的心已经在书里，边读边产生心灵感应，并将记录和批注记在书的空白处，因此，我与书成为一体。我的书就是与我对话的良师益友。比如，我手边的科林伍德的《历史的观念》一书中，我批注了很多内容，有他的东西，有我的理解，也有我对他的批评，所以，这本书已经不再是科林伍德一个人的了，我已经心在其中。这叫"我的书"。

背书也有窍门，我从小背书就快，关键是理解，在理解的基础上背而不是死记硬背，效率就高。我背《幼学句解》，书中每一句都有解释，包括典故。所有的解释，我都读。搞清楚每句话的意思，然后背起来又有兴趣，又有效率。《幼学句解》的内容分很多类，天文、地舆、朝廷、文臣，等等。我第一天就从"混沌初开"一下子背到"望舒是月之御"，老师让我就背到这儿，这已经超出别的学生很多了。全书背下来以后有两方面的收获。第一个是增加了典故知识。北师大历史系的王桧林先生去世后，他的文集出版，他夫人让我起个名字。我想了想，决定叫《三余丛稿》。"三余"就是出自《幼学》的"月有三浣，学足三余"，指三种剩余时间：冬为岁之余，夜为昼之余，雨为晴之余。这是出自《三国志》的典故，我背下，就用上了。第二个收获是读出了语感，学会了四六体。以后读古文，即使看不懂意思，也能够断句，这对学习古文写作也有很大的帮助。

《百家姓》除姓以外，没有别的内容，我背得很熟。曾经遇到支姓、扶姓、堵姓，知道是《百家姓》中的。在新加坡的时候，遇到一位姓幸的，别人感到这个姓少见，其实《百家姓》里就有："叶幸司韶。"《百家姓》只能帮助你知道古代的姓，而熟读《幼学句解》有更多的好处。

《千家诗》编得不是很好，据说是宋代末年谢枋得编的，后来明朝人续编，将程、朱的诗，明朝皇帝的诗也收进来，使它有政治色彩。《朱子语类》我也读，但很反感，主要原因是它束缚了思想，影响了我们的理性的发展。"天理"与"人欲"之分太糟糕了。

读书治学有三个层次。第一，求得知识。主观对于客观有了了解，客观（内容仍是外在的）正确地反映到主观中来。读书治学必自此层次开始。第二，客观进入主观以后，知识可以化为能力。知识不能直接成为能力，必须在头脑的知识结构中占有一个位置，与结构中其他部分发生联系，然后才能够用来解决问题。能力产生于知识的运用，有知识而不能运用，是产生不了能力的；犹如积累了大量燃料而未使之燃烧，是形成不了热能的。知识一旦能够运用，其内容就从外在的转化为内在的，其性质就从关于客体的转化为关于主体的。知识归属于结构就可以转化为能力。知识成为能力后，就属于我们自己。但是，知识用于解决问题，这是功利性的。第三，融为鉴识。知识是具体的，能力也是具体的，而鉴识却是一般的。一旦经反省而对自己的知识与能力有了自觉，就开始有了正确运用自己能力的修养与水平。要能够超越功利性，升华为鉴赏和喜好的境界。这就是《论语·雍也》中孔子说的："知之者不如好之者，好之者不如乐之者。"这三个阶段中，知转为能的时候，回到了自我，但这个"我"还在能力与客观的层面，到了鉴赏阶段才是回到了真实的自我，这时的我，不是自私的我，而是有独立人格精神的我。

　　学通史甚至可以从读启蒙读物开始，如《三字经》《幼学琼林》等，都包含丰富的典故。对典故追本求源，了解事件过程，就能获得一定的历史知识。有了中国通史的框架，再读断代史、专门史，将所读内容填充在框架中。如果对西方历史感兴趣，可以阅读欧洲通史。读书的过程中，难免会遇到问题，这是好事。有问题，就会针对问题去寻找答案。问题解决了，知识就增长了。

学者治学，时时会有研究课题。有了研究课题，必然尽量搜集与之有关的专著和论文，因此知道自己读什么。然而，当我们暂时没有研究课题时，也就是没有特定的书要读的时候，应该读什么书？人类具有一个特点，即有好奇心，读书本身就是要满足好奇心。读什么书是由好奇心决定的，而好奇心在读书过程中会引出问题，问题必然带来思考，无论思考最终是否解决问题，都使我们获益。否定一个错误的假设也是一种进步。读书，一定要根据自己的兴趣和专业建立起一个有效的框架、一个合理的知识结构。

我们都知道"磨刀不误砍柴工"的道理，不砍柴之时，当然就是磨刀之际。刀是砍柴的工具，那么，治学的工具是什么呢？我自己认为，是语言文字、逻辑、哲学。这三种学科与历史学合成一个结构，以后不论读什么书，都是向这个结构中充填内容。这样的结构无疑是一个大结构。仅从语言文字领域来说，就包括了中文与外文两大类。中文又包括认字、音韵、训诂等方面，外文包括两种或两种以上的语言。学习逻辑学，不仅要了解逻辑学各个流派的发展与理论，还要掌握一定的数学知识，更重要的是能够自觉运用逻辑进行思维，确保自己的研究能够有充分的说服力。哲学内容复杂而且深奥难懂，我们起码要了解西方哲学发展的脉络，在把握整体的情况下，可以专攻两三个重要的哲学家的思想。这样的知识能够帮助我们扩大观察问题的视野，加深研究的层次。也就是说，建构这样的大框架不是短期的任务，而是持之以恒的工作，要不断充填内容。内容越丰富，越容易在读书过程中产生问题，也就越可以提高我们研究的水平。

读书为什么要建立一个框架？这关系到知识结构的问题。对学历史的人来说，以上所提及的历史学、语言学、逻辑学和哲学这四位一体的框架组成一个知识结构，大体说来，后三者为前者服务。也许有人会问，为了研究历史，在后三者上投入大量的时间与精力是否值得？回答是肯定的，因为后三者类比于砍柴的刀，刀快，砍柴效果自然就好。当然"磨刀不误砍柴工"的比喻过于简单，这需要进一步的解释。多个学科领域组成的知识结构，肯定是广博的，但是，各个领域不是孤立的，而是相互关联的、相互交通的。《说文》："博，大、通也。"这个"通"字，就涉及了结构问题。我们阅读历史典籍时，是将所读内容放在我们的知识结构中消化、分析的，由于知识结构的各领域有相通性，我们很容易产生联想。也就是说，联想的产生是由于两件事物之间有相关点，而知识结构越丰富，越容易产生相关点。联想的产生，来自知识结构横向的互动。知识结构也有层次，即纵向的，联想所带来的问题引导我们向深层思考，这是知识结构纵向的发展。

知识结构的界限并非固定不变，上述的四个领域，不必同时建构,逐步形成也可以。知识结构的层次也一样,可以逐步加深。总之,每个人头脑里都有一个知识结构,关键是要将结构的各个部分激活(activate),产生更多的联想,更多的兴趣和问题。

人的认识是里应外合的,新读到的某些东西与头脑里已有的知识发生碰撞,产生新的想法。内应能力越强,想法越有深度。我从二十世纪五十年代开始搞世界古代史,我给自己定下了三个领域:中国、希腊、印度。后来在匹兹堡大学,许倬云先生推荐我读雅斯贝尔斯(Karl Jaspers)关于轴心时代(Axial Age)的论著,雅斯贝尔斯就是讲中国、希腊、印度,所以我的知识结构马上里应外合,涌出许多想法。

治史的人不仅要有目录学知识,还要掌握版本的知识。这里有两个方面的问题要谈:如何找书的问题,找到的书如何在自己的知识网中定位的问题。

先谈第一个问题。我们都知道,好的版本中错误就少。古书为什么会有错误?古人在著书时会出错,抄写时会出错,注释时会出错,刊行时会出错。下举数例。《春秋》襄公九年,记"十二月己亥,同盟于戏",杜预根据他的历法知识指出,是年"十二月无己亥,经误"。杜预还指出,同年《左传》记录的"闰月"二字,应该是"门五日"三字之误,抄者误将"五"字写进"门"字,二字合为"闰",后来的学者也就将"日"字改为"月",以合前文之意。二十世纪末,我在新加坡国立大学阅读刚出土的《郭店楚墓竹简》,发现"天"字在多处被误抄为"而"字,不仅在儒家的篇章中错,在道家的文章中也错。当时篆书的"天"与"而",形近易混,抄者不是作者,对所抄文章的内容不甚了解,很容易抄错。上述诸例表明,如果学者使用了不好的版本,所引材料的错误就会增加,所得出的结论也就难免受到影响。因此,找什么书来读的问题与目录学和校勘学的知识有着密切的关系。

第二个问题是关于某书在我们的知识结构中的定位问题。对于一本书,上知其属于哪类,下知其本身的结构。分类是学历史的基本功夫,这不仅是逻辑的训练,也是将书置于自己知识结构中的训练。这样的训练非常有益于研究,即当我们对某个课题进行研究时,可以从自己的知识网中迅速调出与之相关的信息。训练有三个步骤。第一,每看到一本书,一定从序开始读,了解此书是在什么背景中产生的。第二,细读其目录,了解内容的大概、内容的结构框架。第三,判断自己对这本书的内容熟悉多少,以自己已经掌握的知识衡量此书内容的深浅;然后查看《四库》是否有此书,如果有,看看前人是如何评论的,以此检验自己的判断是否正确。如此训练,就可以使一本书的网与自己头脑里的知识网联系在一起。

读书时应该有个写读书札记的本子。我刚毕业时,去听杨钊先生讲先秦诸子的课,他说先秦诸子有阶级性,有学术传承性。这两点,中宣部的杨耳(许立群的笔名)在一篇文章中讲过。我听白寿彝先生还指出一点:先秦诸子在对立中相互渗透。我知道黑格尔讲过哲学家的思想在对立中既排斥又渗透，所以我就记下了白先生的话。1996年，我去见白先生，他已经老了，提到他说的这第三点，他已经忘了，问我："是我讲的吗？"我说："是您讲的，没有错。我觉得讲得很深刻，就记下了。"他感叹自己过去的学习心得没有被很好地记录下来。从那以后，我就准备了一个笔记本，将平时的读书心得记录下来。

我喜欢读书，不管社会如何变化都尽量找机会读。例如，二十世纪七十年代，我参加《史通》的标点和注释工作。《史通》的标点很容易，注释非常难，尤其是天文历法方面的。为了搞懂，我认真画了很多图，写下公式。《史通》的稿子写好后，交给北京的出版社，但因为1976年的地震，稿子找不到了，成果付诸东流。不过，我很高兴在这段时间学了不少东西。除了《史通》，我还读了不少中国的"武经"，包括宋代曾公亮编的《武经总要》。学习马列著作，正好是学习外文的机会，但一定要配有中文译本，这样，别人知道你在读什么外文书。我带去两本袖珍的外文字典，放在口袋里，一本是《英俄词典》，一本是《德俄词典》。我利用午休的时间读外文。对真正想读书的人来说，机会总是可以争取的。

《史记》的序，即《太史公自序》，在书的最后。班固《汉书》的序也放在最后。这是古人的习惯。书写完了，作者交待家世，包括祖先、父亲、自己，说明作这部书的原因、安排书的内容的原因。这体现了"读其书,知其人"的传统。现在的书,序放在前面,目录也在前面。在过去,法文书、俄文书的目录是放在后面的。中国的目录学中,"史部"的目录也放在后面,如同你把自己的藏书放在仓库的架子上以后,做一份清单交出去。不论放在前还是在后,我们读书一定要先读序和目录。

我的关于《日知录》的文章,当时没有发表,因为被认为不属于我的专业领域。后来这篇稿子遗失了。《日知录》中有一段话,其实是黄震说的,我误认为是顾炎武说的。陈垣老读了我的文章后,指出这一错误。后来我发现,不仅我错了,其他一些学者也理解错了,比如侯外庐先生。我有理由原谅自己,因为我当时毕竟才二十多岁,但是,我实际不能原谅自己。我反省后认识到:研究顾炎武,必须了解他的学术来源。我如果没读过黄震的《黄氏日钞》,没有读过王应麟的《困学纪闻》,就根本不配研究顾炎武。对其他人的研究也同样。黄震和王应麟都是南宋末年的学者,黄震研究义理,王应麟重在考据,他们对后来的学术有很大的影响。我接受了史源学缺失的教训。师傅点了一下,修行就在个人了,不能启而不发。

兴趣,不是别人强加给你的,别人只能给你一定的启发,你需要里应外合,激发出兴趣。我对逻辑的兴趣,是牟宗三先生激发出来的,但我自己先前对几何学就已经有了很大的兴趣。这是兴趣的第一个来源。第二个来源，对不懂的东西，自己去琢磨，去解决，每次成功一点，最后搞清楚了，就是一种享受，就有了兴趣。我自己去搞清楚古代文献中不懂的地方，后来发现清人早已说过，这时我仍然很高兴，感觉自己达到了清人的水平，兴趣自然就有了。

小时候听到歌曲《燕双飞》，觉得歌词很美，但很多字不易听懂，我就一字一字地揣摩，竟然都猜出来了。"燕双飞，画栏人静晚风微。记得去年门巷风景依稀，绿芜庭院，细雨湿苍苔。雕梁尘冷春如梦……楼台静，帘幕垂，烟似织，月如眉……"多美的意境！我的一位老师上课时，读一段古文，让学生写出来，能听懂多少写多少，然后再听写一遍，最后公布答案。学生可以对照答案检查自己错在哪里。这种训练能够增强对古文的掌握，有助于提高古文写作的能力。认真使用这一方法，就会发现自己的错误，就会有进步。有了进步，兴趣肯定就培养出来了。

我在五十七岁之前，遇到一句不知出处的话的时候，先估计大概会出自哪本书，然后去查书，印证我的记忆。我不用索引，这也是一种传统的训练。五十七岁时，出国访问，买了哈佛燕京学社编的《汉学引得丛刊》（下称《引得》），为了节省时间，就开始使用《引得》。

读书、做学问不能掉进陷阱，掉进陷阱就动不了了，应该如同进入新疆的"坎儿井",各个井的下面是通着的。

读书千万不要像一把斧头,将所有的都砍掉,这就是"掠夺性开采"。要精开采,深加工。

谈已知未知之间

我们每作一篇文章,要有两方面的收获:第一,知道自己的论文所长在哪;第二,所短在哪。我们很难知道自己论文的短处,因为你必须跳出涉及的范围才能做出比较全面的评价。

我们对未知的东西的态度有积极和消极两面。消极的方面:对多种外文书,我们读不懂,因外语能力不够;对古书,也同样存在阅读能力的问题。这方面限制了我们的研究水平。积极的方面:我们能够从主观上认识到自己的短板在哪,能够积极地对自己的知识结构做反省。

从人类文明史看,凡是有成就的人肯定有两点贡献:回答或解决了前人的问题,给后人留下了有价值的问题或深刻的错误。如果没有留下问题和错误,那么,文化就到此为止。真理是相对的,没有绝对真理,我们只能接近真理。柏拉图解决了前人的问题,同时也留下了深刻的错误,他的错误在两千年后仍然有价值,待人们去思考解决。人的贡献有两重性,能够留下深刻的错误(当然不是愚蠢的错误),也是贡献。为什么会有错误?人们回答前人的问题时,不仅是用知识回答,还要有一个理论架构、一种预设。一旦有了预设,经验层面的东西就出来了。经验是归纳得来的,而所有的归纳法都不完备,判断的正确性就有了概率。你能解决前人的问题,是因为你的预设比前人的更接近完备,是因为前人的理论架构出现问题。

知识是对事物已经有的确定的理解,是已然的、历史的。因此,我们不可能预知将来的知识。卡尔·波普尔(Karl Popper)提出,人类历史的进程取决于人们的知识,而人们无论用什么方式也无法预知将来知道什么,因此人不能预知将来。这是从逻辑上推出来的。

知识从哪里开始?从无知开始。从严格意义上讲,无知不能作为有知。《老子》说,"天下万物生于有,有生于无",这是从另一角度说的。黑格尔从逻辑概念上推导,得出纯有变为纯无的结论,这是从概念的内涵与外延成反比的定律推导出来的。外延越大,内涵就越小,反之亦然。外延大到极限时,内涵就没有了,因此,纯有转化成纯无。但是,相反的推导,即从纯无到纯有,就很难进行,我们只能从历史上分析。人生下来的时候,都是无知的,从无知到有知必须有一个过程。这个过程由声音、语言、表情、动作组成。婴儿最初学会说的话，比如妈妈、爸爸，都是双唇音，叠韵，最容易发。慢慢地衍生出复杂的语言。语言都是具体的，都是有具体的对象的。小孩对语言的把握，最初都是模糊的。我的一个孙子，有一天生病了，他妈妈对我说："爷爷，他今天病了。"她称呼我"爷爷"，是以孙子的口气。小孙子接着说他自己不去幼儿园，因为"他今天病了"。这说明小孩还没有掌握"我"的概念。无锡人称老人为"老小"，是说老人有类似小孩的幼稚与无知，没有真正的自我意识。人首先要有意识的形成，然后有自我意识的形成，精神现象学才有可能。知识没有自我是不行的，有了我，才能有他，即主观与客观之分。客观的东西进入主观，形成知识。这是知识的第一阶段：从无意识到主观客观的区分。

人有了一定知识后，一旦接触到新知识，主观头脑中已有的知识就会立刻"跳"出来，为新知识搭桥。伽达默尔（Hans-Georg Gadamer）的"先见"理论，认为人们对于新知识的判断，基于从传统得来的知识，也就是先见，并受到先见的影响。这是第二阶段：从有知到有知的过程。"先见"，德语中是Vorurteile，无褒贬之义，而对应的英文prejudice，含有贬义。人不可能没有"先见"，或者是"前知识"，前知识对于人来说，不仅是接受新知识的一个条件，还会成为一个障碍。如果根据已有的前知识认为自己掌握了一切，就是一叶障目，不识泰山。培根（Francis Bacon）也讲"蔽"，即"四种幻象"：剧场幻象、市场幻象、洞窟幻象、种族幻象。

对于新知识，人们有两种不同的态度。第一种，认为自己有知，并将已有的知识视为绝对知识，这样的话，新的知识进不来，知识就停滞不前。这就是荀子所说的"蔽"，已有的知识反而成为获得新知识的障碍。第二种，认为自己有自我意识，尊重自我。这种自敬，不是妄为自大，而是史家的人格。同时也认为自己无知，愿意排空自我。排空不是说放手不干了，而是采取开放的态度，对待新知识。排空自己，新知识就容易进来。用荀子的话说，就是"解蔽"。从主观上愿意排空自我的意义上说，有知必须始于无知。知识既要从有知开始，也要从无知开始。

已知与未知之间这一阶段是最重要的。从历史角度看，人们的知识状态，在一段时间内，不是绝对的无知，也不是绝对的有知，而是恍恍惚惚、有问题、有疑问。产生了问题，知识的运用停止了，认识到问题所在，针对问题想办法，问题得到解决，知识就增长了。孔子说，"不愤不启，不悱不发"，这从侧面强调了人"愤""悱"心理状态的重要性，这种心理状态就是在已知与未知之间产生的。

读书，一定要清楚地明白哪些是自己懂了的，哪些是没懂的，哪些是在已懂与未懂之间的。将这三方面记下，尤其是已懂与未懂之间的，这个领域能够激发我们思考，是获得新知的必经之路。

我看书，时时理清什么是自己懂的，什么是不懂的，什么是在懂与不懂之间的（犹豫的），几乎每天晚上都检查一次。懂与不懂之间的，正是知识增长的关键。完全黑暗的（完全不懂的）对知识增长无用。读书，肯定有懂和不懂的地方，不要说《尚书》《诗经》了，就是《史记》也还有很多不懂的地方，只要认真读，不论哪本书都有不懂的地方。有不懂的不奇怪，有不认得的字也不奇怪，关键是要培养能力去读懂。如果遇到古书中不懂的地方，就去看白话文，这次懂了，但下次遇到，还是不懂。从不懂到懂，应该依靠自身的能力，从这方面讲，懂与不懂之间很重要。

知识本身也包含了错误的内容，知识在不断否定自己。知识在知与未知之间，在几何的点上是处于肯定与否定之间，随历史而发展的。

什么是现在？是过去和将来的交叉处，在不断变化之中。

从无知到有知，可以用黑屋子来比喻。人进入一间黑屋子里，漆黑一片，什么也看不见，也就没有知识。突然开灯，明亮炫目，同样什么也看不见。一定要事先在黑暗中有一个放大瞳孔的过程，模糊地感觉到屋子里有东西，但不知道是什么东西，然后再开灯，就看清楚了，就获得知识了。所以，在全黑和全亮之间，必须有个过渡，没有这个中间阶段，就不能获得知识。

无知与有知之间是获得知识的最重要的关键点。人的一生，遇到这个关键点越多，越能获得知识。如何知道自己在无知和有知之间？必须善于发现自己所不知道的方面，要善于问问题。问题就是出于未知与有知之间。全然无知，问不出问题。全然有知，问题已经解答了。学习的最好状态，就是知道自己不知道的，永远处于未知与有知之间。到达一定的有知时，你会发现新的未知领域。善问，就是每遇到一个问题时，能够想到相关的问题。孔子讲"不愤不启，不悱不发"，"愤"是想学，"悱"是想说而说不出来。这时候，别人一点拨，思路就能激活。

我为何兹全先生的《中国古代社会》写书评，我说，何先生这本著作，后人也许会超过它，但不可以不理睬它。何先生也同意我这个看法，因为书在回答一些问题的同时也给后人留下一些问题，这就是有价值的。人类知识的发展，就是通过不断解决前人的问题，同时又给后人留下新问题。不可能一下子解决了所有的问题。能够解决一个小问题，都是进步。日心说取代地心说的时候，从理论上解决了许多与观察不相符的矛盾，但不知道万有引力，留下了很多问题，比如水星近日的问题。后来牛顿的引力定律的创立，解决了前人的很多问题，尤其是牛顿关于物理运动的三大定律，非常了不起。但是，牛顿定律也有局限性，在量子力学领域就失去作用，因为量子不按照这三大定律运动。量子力学的建立，使人类了解粒子运动的情况，发现了"波粒二象性""测不准定律"等等。

量子力学是新兴的科学，解决了一些问题，仍有其他问题。有成就的学者，善于发现自身存在的问题，从而寻求新的答案，而且不断地反省自身，不断地解决问题。解决问题，也要依靠提出假设，然后去验证。卡尔·波普尔提出的"试错法"或"证伪法"（theory of falsification），就是用假设来证明设想是否合理，是否正确。

人能够发现自己的错误和缺陷，必须做到谦逊，真诚的谦逊。《老子》说："知不知，尚矣；不知知，病也。夫唯病病，是以不病。圣人不病，以其病病。"又说："知人者智，自知者明。胜人者有力，自胜者强。"知道自己有所不知的，为上。自以为有知，导致无知。自作聪明和耍小聪明的人，就不可能有大智慧。一定要有自知之明。你力气大，能战胜很多人，但总有人比你力气还大。但你能战胜自己，别人做不到，你就是强者。战胜自己，就必须谦逊。自以为聪明的人，就把自己的路堵住了。《易经》中除"谦"卦六爻都吉以外，其他卦没有六爻都吉利的。《三字经》里的"满招损，谦受益"是至理名言，很多人的名字都与这有关，如明末清初的大诗人钱谦益、清末学者王先谦，等等。很多名叫"谦"的人，字都是"益吾"。谦逊，一定要真实，不能装。

十几年前某一天，我和妻子（金德华老师）去新街口逛街，尤其是那边的旧书店。有一天在旧书店看到一本旧的《逻辑学史》，金老师知道我对逻辑有兴趣，劝我买下。我买书，从来都是很吝啬的，如果价格高，即使是非常喜欢的书，我也很少买。这本《逻辑学史》的价钱还可以，但我翻看后没有买，因为看不懂。前面的内容没问题，但后来进入数理逻辑部分，我就不行了，所以没有买。后来我后悔了，应该买下，给自己预留再学习的空间。学者一定要千方百计地给自己预留已知与未知之间的空间，以便将来遇到时机，填补空间。预留空间的念头一定不能断，否则知识就无法增长。做希腊黑劳士的研究时，我给自己的知识结构留下了一个空间：将来可以将黑劳士与印度的首陀罗、中国的"野人"做比较研究。

善于问问题，也是个问题。《论语·八佾》记载，"子入太庙，每事问。或曰：'孰谓鄹人之子知礼乎？入太庙，每事问。'子闻之，曰：'是礼也。'"《论语·公冶长》有"敏而好学，不耻下问"一句。什么是问？问的前提一定是不知，不知才问，但不是完全的无知，完全无知也问不出来问题。因此，问问题是因为处于有知与无知之间。我们知道，小孩听故事，看连环画，会问："这是好人还是坏人？"这说明，小孩知道人分好坏，这就是已知的。不仅是小孩，成年人也会有这样的问题，尤其是针对复杂背景的人，比如，汪精卫是好人还是坏人？一个人能问的程度，基于他所知的程度。所知的越多，提出的问题越高明。问了一个问题，并不代表这个问题已经结束，一个问题往往会纵向地引出下一个问题，再下一个问题。另外，一个问题也可以横向地涉及多方面的问题。中国的孔子善问,希腊的苏格拉底也善问。苏格拉底说,大家都认为善好,但是,善到底是什么呢?他问了很多人,那些回答都不能令他满意,因为他们所说的善都是具体的善,不是苏格拉底所追求的善。他一辈子在问这个问题,最后仍然没有找到答案,声称只找到了善的"儿子和孙子"。虽然没找到善,但为柏拉图开启了新的哲学体系。真正的学者,不仅"每事问",而且要终生问,因为学问是无穷的。人们认为《史记》比《尚书》容易读,问题不多,其实如果细读的话,会发现很多问题。罗素说,在哲学上,重要的不是给出答案,而是提出问题。

自然科学也是靠问问题发展的。地心说的根据是什么?理论与观测发生矛盾怎么办?其实,每种解释都是一种假设。托勒密用本轮和均轮的理论解释观测,捍卫地心说,但人们仍然提出新问题,直到开普勒,才彻底抛弃本轮和均轮理论。波普尔提出的科学史上的"试错理论"也都是针对问题的。

学者必须保持能问的状态,才有可能进步,一旦不能问,或失去了问的欲望,其学术就终结了。我天天要查字典、词典,因为问题是无穷无尽的。如英语介词的用法,我们这样英语不是母语的人,很难掌握,肯定有很多问题。

问的问题也涉及人的思维与语言。人靠语言进行思维,不同的语言有不同的思维方式。俄文的动词和介词有不同的格,王易今先生翻译的苏联米舒林的《世界古代史》,有一处就把介词的格弄错了。俄文版中提到古代斯巴达人很坚强,妇女送丈夫或儿子上战场时,都要说一句话。这句话最初翻译为:你的盾牌,你回来时,或是拿着它,或是丢掉它。对于这样的翻译,我们的理解是:胜利回来,当然是拿着盾牌,失败了,就丢掉。而正确的意思是:你或者带它回来,或者躺在它上面回来,即战死。用英文表示,就是either with it or on it。中文翻译的错误是因为没有掌握好俄文的格。俄语为母语的孩子经常会问家长有关俄语的格的问题,不问不容易掌握。俄文和德文的格很严谨,比英文严谨多了,所以比英文更准确。

生活中我们会经常问问题。比如,一个人走路摔了一跤。我们可以问:摔伤了吗?严重吗?也可以问:为什么摔的?他回答:地滑。我们继续问:什么地?穿什么鞋?如何预防摔跤?我们可以问出有关的很多问题,但往往知道地滑是摔跤的原因后,我们就不再问了。生活中停留在这一步,可以,唯独学术不行。我们读书,最怕的是读到不懂的地方,不去问,不管是问自己,还是问别人,就是不问,继续往下读。康德一生都在追问,海德格尔也是。康德追问的是:先天综合判断如何成为可能?在他之前的哲学家早已指出:分析判断是先天性的,而综合判断都是经验性的,不是先天性的,所以先天综合判断是矛盾的。然而,康德经过多年的思考,成功地调和了这两种判断,论证了先天综合判断的可能性,这是了不起的贡献。康德认为，万物都是无秩序的、杂乱的，人脑认识到时空概念，他用质、量、关系、模态这四个方面发展出十二个范畴，解决了先天综合判断的问题。这是知性的方面。在理性方面，他提出的二律背反是不可知论。这些都与他善于问问题有关。

与"问"相关的一个词是"疑"，即疑问。笛卡尔提出，怀疑一切。经过怀疑的信是可靠的，不经过怀疑的信不可靠。他著名的"我思，故我在"的背景是，一切都可以怀疑，我是否存在也就成为问题，唯独我正在思考这一点是无可置疑的，所以"我在"。其实做学问，怀疑是非常必要的。如果我们失疑，就会失问。日本学者泷川资言的《史记会注考证》，是很好的本子，但是也有错误。其中讲到舜的弟弟相谋杀舜，当舜上了高高的廪，相在下面纵火烧廪。舜事先有准备，手持两个斗笠保护自己跳下，然后离去（"舜乃以两笠自扞而下，去。"）。泷川的标点将"下"和"去"两个动作连成一个词。还有，司马迁评论伯夷叔齐因孔子称赞而得以扬名，而叹息天下很多仁人志士没有得到人们的认识而默默无名。泷川的断句是："岩穴之士，取舍有时。若此类名湮灭而不称，悲夫！"正确的断句应该是："岩穴之士，取舍有时若此。类名湮灭而不称，悲夫！"泷川是个大学者，学问比我大多了，读的有关《史记》的书比我多，但是，在上面两个例子里，他没有提出疑问，即失疑，所以断错了句子。

我们的疑，是看到了一些事心里不明白，真正到问的时候，就是用语言来表述了。语言表达方式不同的时候，更应该问，而且问的方法也不一样。古代语言与现代语言不一样，凡是遇到不懂的，都要问。古今语言不同，解释古字，叫"诂"。《尔雅》一书的"尔雅"，尔者，近也，雅者，正也，"尔雅"就是近于标准语。《尔雅》的"释诂"，是"以今言释古语"，"释言"，是"以雅语释方言"。"释训"中的"训"，顺也。"释训"，解释两个同样的字合为一个词的意思，比如"斤斤计较"的"斤斤"，明也。这是当时的习惯用法，与"斧斤"的"斤"、"斤两"的"斤"没有关系。《尔雅》里面有很多词同时包含了正、反两方面的意思。我读《尔雅》，专门准备了一个笔记本抄录这些词。读其他书发现的类似的词，也都记在那个笔记本里。可惜，这个笔记本遗失了。"开阡陌"的"开"有正反两义，一个是"开始"的"开"，一个是取消，即"开除"的"开"。两个意思相反。我们要解决疑问，必须先解决语言的问题。疑产生的时候，还是在脑子里，问出来的时候，就必须通过语言表达。能疑，还要能清楚地运用语言。对古书中很多难以断句的地方，如果我们的语言功力不够，是提不出疑问的。除语言水平以外，专业知识也限制我们的疑。对于一个我们完全不懂的领域，我们连疑的资格都没有。疑，有大有小，有深有浅，有博有精。

疑就是将我们的知识结构与我们未知的东西的结构进行对接，这个对接过程中发生的问题就是疑。我们最初的对接产生的问题是：这是好人还是坏人？随着我们的知识越来越丰富，疑的程度也越深。这个过程不能停止。有时候，我们对疑是有答案的，只是不能肯定答案是否正确,这时候我们不能放弃追寻答案。

疑也可以从区分开始。我读《史记》,先看"三家注",三家的解释有很多是不同的,找出他们的不同之处,进行比较,看谁的解释更合理。我读《诗经》,将毛传与郑笺对比起来看,很多情况下,郑笺跟着毛传的解释,而发现二者不同的时候,疑就出来了。多看不同的意见,容易产生疑。荀子说:"信信,信也;疑疑,亦信也。"相信可信的,是信;怀疑可疑的,也是信。

谈补短板之一

学者只有认识到自己有短板,而且知道短板所在,才可能有进步。大家都知道短板是指一个人的缺点,但是,这还不完全,短板是与知识结构相关联的。"短板"一词,来自美国,指做木桶时,要求所有的板条都一样高,只要有一条木板短了一截,水桶的盛水线就停留在短板的最高处。这比喻在所有条件中,只要有一个条件有缺陷,整体就会受到影响。木板尚未集中在一起被箍成木桶形状时,不易发现短板。研究历史也同样,每条木板代表我们的一个方面的知识,木板集中起来代表我们的知识结构。做某个研究课题时,首先要将木板箍在一起,才能知道哪条板短了。只要有短板存在,它就会限制我们的水平。要有箍桶的意识,即建立自己知识结构的意识。箍桶的时候,尽快发现短板。桶箍好了,短板补足了,仍然未完。我们要扩大知识结构,即要将桶做大，这就需要更长更多的板，以便把小桶做成更大的桶。学术生涯，就是不断做桶，发现短板，补足短板，再做大桶的过程。

我发现陈垣先生有意补足自己的短板，我也很早就自觉地去发现自己的短板。发现短板也不容易，你没有读过《元典章》《元朝秘史》等书的话，不知道自己有短板；一读，发现很多词的意思你根本就不懂，不知道是人名、地名、官名，还是其他什么词。《世说新语》也是，里面充满了当时流行的口语，我们都不懂。比如，"宁馨儿"，乍一看以为是夸奖小孩子的词，其实意思是"这样的"。

补短板，只有自觉去形成自己的知识结构的人才会做到。有短板，就会影响学术水平，造成卡壳。不懂年代，卡壳；不懂历法，卡壳；不懂地理，卡壳；不懂职官，卡壳；不懂哲学，卡壳；不懂逻辑，卡壳。从年轻时代开始，我了解到自己的短板之后，没有躲避，而是努力去改短为长。比如，读《汉书》，传记部分不难，而《律历志》涉及很多古代天文和音律等方面的专业知识，很难看懂。这是我的短板，因此我下功夫去读。《律历志》的内容非常重要，虽然《汉书》是断代史，但它反映了班固作为历史学家的"通史精神"。《律历志》置于《汉书》"十志"之首，优先于《礼乐志》等其他篇，说明律历是根基，是导论，其重要性可见。直到唐朝，史家才将"律"与"历"分开。所以，研究《汉书》，不克服"律历"的短板，深度就不够。

我坚持查字典，也是在补短板，而效率是几何基数增长的。

其实，补短板的过程，也就是调节我们知识结构的过程。人不是全能的，不可能没有短板，但我们要清楚自己有哪些短板，哪些短板是不能有的。绝对不能只看自己的长板，沉湎于自己的长板。真正的谦虚，就在于对长短板的认识与态度。《易经》的"谦"卦，六爻都是吉利的；《尚书》说"谦受益"。谦虚可以补短板。

现在写文章，似乎也不难。比如，古今研究《史记》的人很多，观点不一样，你拿一种观点与另一种观点做个比较，产生出第三种观点，就算有了新看法，就可以写篇文章。这叫作"杠杆"（leverage），利用巧劲，或用流行的话说，就是"炒"。做学问不能依赖杠杆，自己的水平会因此而停滞不前。经济学中的"杠杆"一词有广义的和狭义的，狭义的指通过借贷筹集资金。商务印书馆是由夏瑞芳等几个帮外国人跑码头的人合资不足四千元创办的，但是，四千元是远远不够的，所以改为股份有限公司，用杠杆在社会上集资来运作，开创了中国近代的出版业。

有学生问我，《史记》还能不能研究？我回答，比如开露天煤矿，表层的煤几乎被开采完了，在没有新的技术的情况下，不能继续开采。如果获得了新的技术，比如新型的金刚钻，就可以向深层开发，而且一进入深层，就有收获。将《史记》与经学结合起来研究，就是新型的金刚钻。这样的研究，首先需要补经学的短板，否则无法做。真正的创新，就在这方面，而不是利用杠杆。

短板的问题，很多人都注意到了，但另一方面的问题也要注意，就是长板的问题。我在讲短板的时候有个潜台词，就是张力。我的知识分布是不平衡的，我的外文无法与中文相比。我的中文相对是长板，正因为如此，我才能发现我的短板。一个水桶，短板决定了你的最低水平，长板决定了你将来可能达到的水平。两个都重要，所以形成张力。长板有多高，短板才有可能达到那个高度。因为有了中文的长板，我用同样的方法"对付"外文。我有中文训诂、音韵的基础，从字源上了解本义和引申义，这个方法移用在外文的学习上，收效很大。许多做西方史的，甚至外语专业的人，都不知道这个方法。学习有两个方面，一个是知识，一个是方法。我读外文著作时，经常比较几种不同语言的版本。马克思和恩格斯的一些著作，我先读英文的，然后读俄文的，逐字逐句地分解，比较二者的内容，然后再读德文的、法文的。这就是用长板来拉短板的方法。我去东北进修时，充分利用了我的长板，包括选定论文题目、思考问题、读外文书籍的序论、寻找有关材料，等等。但因各种原因，没有学成。我看到乔治·格罗特（George Grote）的《希腊史》中引用的材料有多种语言文本，所以我决心学希腊文、拉丁文、德文、俄文。写完黑劳士的论文，我转向印度。我的古文是长板，读佛经比其他人容易，佛经这块短板就被拉长了。当时学梵文，也是为了补短板。要有长板意识，不怕不平衡，首先发展长板，建立过硬的功底，提高自己的见识，然后用长板带动短板，从而整体向上升。我早年读黑格尔的东西，认为他说的中国历史的状况是对的，后来我补长了我的逻辑学短板，再读黑格尔时，就发现了他的问题。化学上有个词"升华"（sublime），表现为冰直接化为气，不经过变为水这个过程。我们的知识结构，也应该不断升华。把人的潜能变为现实，我们每个人都会有提高。

我1952年大学毕业，毕业三年后去东北师大进修。进修只有两年时间，除上课之外，写了关于"黑劳士"的八万字论文，这是因为知道这个"泽"，将所有能够找到的古希腊的材料都利用了。伯里（J. B. Bury）的《希腊史》的第一版是在克里特岛考古发现之前写的，第二版是发现后写的，采用了新材料。我从旧书店买到第二版的英文本，从他所标的注里寻找史料来源。我1955年写"黑劳士"的文章，能够用到1952年的有关斯巴达的英文参考书，一本美国的，一本英国的，在当时的情况下，已经很难得了。这也是国内学者使用西方最新材料研究西方史的例子。

1957年我从东北回到北师大，1962年写出论文《印度早期佛教的种姓制度观》。做这研究，我可以说是做到了竭泽而渔。外文的材料，主要是英文的，俄文的有一点，我尽可能地找来。《大藏经》像一个海洋，不知从何处入手找材料，我靠的是目录学，将无限的东西变成有限的。我知道早期佛教的经典是小乘的四部《阿含经》和小乘的律藏，这就缩小了"泽"的范围。四部《阿含经》在中国有多种译本，我都读了。我还发现了有些中译版的佛经，西方没有翻译,这就使我看到的材料比西方学者更多。西方学者翻译佛经,只是翻译一个版本,而中文的佛经,不同的译者在不同的朝代,有不同版本的译文,还有很多单篇的翻译。我们可以相互参考着读。李雅书先生曾经问我:"你怎么引用了这么多有关印度的材料?"我说,我有目录学的底子。有目录学的长板,就可以拉高短板。

我做古代史有一个大缺点,也是短板,即我不懂考古学,这是因为受到世界史专业的限制。做中国史的可以去考古发掘现场学习,而我们做欧洲史的没有去欧洲考古现场的机会和条件。1985年,你们(指笔者和另外三位1983年进入史学所的研究生)由杨钊先生和吉书时老师带着去陕西、河南考古现场实习,吉老师是代替我去的。当时我已经知道自己将去美国访问,但白寿彝先生的通史编写还没完成,白先生让我先写好通史再去美国。

我到这了个年龄,知道我的短板是无法补足的,比如我的数学不可能有提高了,因为被我的物理学和化学的短板限制住了。我曾经自学数学,那时还住在西单灵境胡同,我买了微积分和解析几何的书来看,经常是晚上睡不着的时候学数学。我不背数学公式,我推出计算的步骤,理解了就记住了。我的数学不能提高,只能提高逻辑的思维能力。

"眼高手低"是个贬义词，常用来批评别人。如果我们看别人时眼高，看自己时手低，是很可悲的。以高要求对待别人，自己又达不到高水准，这是因为不认识自己，自认为了不起。真正的学者应该也是"眼高手低"，给自己定出高标准，目标远远高于自己现有的水平，然后努力向目标靠近。如果没有高标准的目标，就失去了努力的动力。所以，眼一定要高。我天天读报刊上新发表的东西，不仅与当代学术界的渠道保持通畅，而且找出与其他学者的距离，发现自己的不足之处。每个人都有自己的长板，只有看到别人的长板，才能发现自己的短板，才能够提高自己。如果关起门来，自认为就是自己行，别人都不行，只要半年，就把自己毁掉了。

我大学刚毕业时，给自己定下的目标是：英语上，能够给本科生讲解英语语法，达到讲师水平；中文方面，能够讲解古典诗词，达到讲师水平；音韵小学方面，到讲师水平；哲学上，达到讲师水平。我当时才是历史系一个助教，就发这么大的愿，逼迫自己努力学习。定高目标，看上去很狂妄，但这正是以长板补短板的途径。我尝到了甜头：用中国史的长板去做外国史，在有限的时间内，完成了"黑劳士"的论文，短板提高了一截。

陈垣先生学过一点外文，他早年在广州学医，外国人授课都是用外语。他搞蒙元史，也学过蒙文，但他从不谈外文，只是在他擅长的领域中深入研究。这叫"守拙"，与补短板不能画等号。守拙是明智之举，在知道有些短板补不上的情况下，就可以守拙。有些短板是我们无法补的。我在音乐上的短板，就很难补了。如果自己的知识结构相当合理，而且运用得很好，有些短板不必补。陈老的知识结构已经相当完备，在他的研究领域里已经足够了，所以不必再去补外文。学术著作的质量有时比数量更重要。钱穆先生只凭《刘向歆父子年谱》一篇文章就在学术界占了一席地位。这篇文章反映出钱先生的知识结构也相当完备。

谈补短板之二

我经常用"张力"（tension）一词看待两个事物之间的关系，这是受到库恩（Thomas Kuhn）的影响，他写过《必要的张力：科学的传统和变革论文选》一书。他指出，科学上发生突破的时候，需要有一种张力，那么，什么样的人才能有突破呢？他认为，这样的人必须一方面深于传统，对传统有深厚的了解，越深越好；另一方面，有破除传统的决心，决心越大越好。不深于传统，就不知道传统的弊；没有破除传统的动力，就无法前进。二者都与传统有关，一头是深于传统，一头是破坏传统，这种情况下，张力就拉满了。

中国史学传统求真与致用就反映出张力的问题。历史有没有用？历来就有两种说法：有用，没用。有用的话，怎么用？真和用之间必须有个张力，求真到某一合适的程度是受致用的程度制约的。致用也如此，到什么程度也不能违背真实。"以史为鉴"应该如何理解？应该如何体现？这些都是张力的问题。

传统与创新是互不相容的。中国在"五四"前后，很多人认为应该彻底抛弃传统的东西，以后还有比"五四"还要强烈的反传统势头。但是，传统是扔不掉的，而且，被扔掉的，往往是一些传统的精华部分。真要想改变过去的东西，你必须能够深深地了解它，解剖它，知道它的问题所在；看不到问题根源，就无法打破它。我们如果不是熟读古书，怎能发现其中的问题？读《汉书》的《律历志》，不彻底读懂其内容，就不容易理解为何古人将音律和历法两种不相干的东西糅在一起。还有，发音分喉牙舌齿唇五个部位，这与音乐上的宫商角徵羽五音联系在一起。我们深刻了解后，才知道这是"关联性思维"（correlative thinking）的一部分。哲学史上，批评或否定某一大家的理论，如果不是从关键入手，你是驳不倒他的，必须是釜底抽薪，而釜底抽薪要成为可能，就必须知道釜底在哪里。

张力，体现在深于传统的人身上，他们同时又发现传统有问题。一切传承，都是在前人基础上的进步，都是通过否定前人而进步的。张力的两头都是有极限的，比如，我们做历史的，要注重"求真"和"求善"两头，即强调真实性和有价值性。可是，求真和求善能够实现到什么程度呢？肯定是有限度的，但是，这两个都是我们追求的方向，是努力的方向。如同拔河，绳子绷紧，产生向心力，将两头联系在一起。以拔河比喻张力很形象，阐明矛盾的关系，即矛盾的两个对立方面是互相联系的、互相制约的。

老弟（在本书中皆指笔者，也是刘老师对学生的常用称呼），我不敢妄议前贤，前贤主张抛弃传统，是有当时的历史背景的。他们在外来文化的影响下，在亡国的危机中，来不及进行深入思考，草率做出抛弃传统的决定。在这种情况下反传统，必然盲目，必然不分优劣，必然不实际。虽然中医可能在理论上有很多非理性的东西，但对于中医的理论，我们理解的可能有问题，中医的许多治疗效果是不可否定的，几千年来积累的理论与经验，仍然是有用的。实际上，传统就在我们身上，根深蒂固，想抛弃是不可能的。以"师道尊严"的传统为例。老师是如何求知的？又是怎样把晚辈学子的潜能和思想激活出来的？孔子的"三人行，必有吾师""启予者，商也"，韩愈的《师说》，等等，都是很好的传统。他们建立了良好的、平等的、活跃的师生关系，学生能不受益吗？老弟，我们的对话，是不是都利于咱们俩共同的发展？相反的方面，传统中的家长作风，强迫学生接受自己的观点，不许提出异议。我们只有清楚地认识到这方面的危害，才有割除的决心，也包括割除自己身上的毛病，有敢于否定自己的勇气。如果我们大家都能做到上述两方面，就能实现孔子所说的"一日克己复礼，天下归仁焉"。

传统观念根深蒂固，很难打破。老弟，我知道你不相信有鬼，我也不信。我在东北师大进修时，与毛昭晰是同学，他给我讲鬼故事，声称能吓住我，因为他讲的时候还配合着动作。人们害怕鬼，部分原因是鬼的行为不可测，看到鬼在前面，它又突然出现在你背后，掐住你的脖子。毛昭晰事先泄露了故事内容，所以我听后没有被吓住，否则肯定害怕。如果我听完鬼故事，再去墓地，我肯定不敢。《搜神记》说，阮瞻不信鬼，与一个人争论，否定鬼的存在。后来那人说，他自己就是鬼，说完立刻消失了。阮瞻从此得病，不久死去。某些台湾人信鬼更加厉害，甚至受过高等教育的人，也不例外。西方也如此。基督教排斥传统的鬼信仰，因为如果鬼能左右人事的话，上帝的权威就被削弱了。全能的上帝观念绝对不容许鬼神信仰、占卜行为、以星座看性格和婚姻、水晶球算命，等等。但是，这些传统习俗仍然很普遍，这说明强大的基督教也无法消除传统的信仰。

对深于传统和改变传统之间的张力，我们要看到两个方面。第一，你知道要在哪方面进行改变；第二，你会产生改变的动力。人要离开地球，必须有火箭，火箭必须有燃料产生推动力，以摆脱地心引力。生产火箭所需要的一切零件和所使用的推进燃料从哪里来呢？不仍旧是从地球上获取的吗？所以，传统既是我们改变的对象，又是我们动力的资料来源。人不能凭空创造东西。

我们强调，绝对的知识不是历史知识，历史知识都有历史性。为什么这样说呢？这涉及这样一个问题：材料越靠近源头越好呢，还是越到后来越好？材料越古越好，这是对的，因为越古记载越清楚。如果没有当时留下的记载的话，后人根本无法知道历史。相反的观点也成立，比如，我们看古代近东历史，若仅读希罗多德的《历史》，是虚无缥缈的。他对埃及和两河流域文明的情况了解甚少。金字塔过去是这样，现在也还是这样，正如埃及谚语所说，"世界怕时间，时间怕金字塔"。希罗多德看到的金字塔和我们现在看到的，相差不会太大。希罗多德不认得埃及的古文字，只能听别人讲点传说。现在的埃及学远远超过希罗多德的水平。因此，我们应该两方面兼顾，既要找最靠近源头的材料，也要依据最新的考古发现。旧与新之间形成了一个张力。既然我们不能只重视一头，我们就不得不用现在的一句话，"永远在路上"，寄希望于未来的新技术、新发现。作为历史学者，我们要了解这一点。对于求真，我们必须有一种自律（autonomy），即我们不能任意解释历史，心里一定要对历史的客观性保持敬意，我们是要求真的。历史研究，不是文学创作，历史学者只能去发现（discover），而不能发明（invent），近似于"述而不作"。科学技术必须有发明，科技的发明依赖极度精确的理论和技术，而历史学不可能达到那样的精确度。我们的理想只能是尽量追求完美和真实。我们尽可能地搜集材料，对材料进行考证，采用可靠的材料。考证本身就是求真的必要手段。全力地发动主观的"发动机"去追求客观的历史这样一个目标，但是，历史学家还必须有自律的另外一个方面，即追求建立自己的见解、自己的创新之目标。我们要开动脑筋，用新的理论、新的方法，达到这个目的。这就是司马迁说的"成一家之言"。这没有背离前面所说的自律（autonomy）的第一种意思，而是autonomy的另外一方面。希腊文"自律"的意思是自己立法，auto是"自己"，nomy是"法律"，autonomy即自己为自己立法，没有别人的强制。与之相反的是他制（heteronomy）。自律的两个含义之间有个张力存在。autonomy在中文里被翻译为"自律"和"自治"两个词，其实这两个是一个词。孔子讲"克己复礼""为仁由己"，谁来克？当然是自己。你欲做人（仁），还需要别人帮你做吗？人作为人，既有权利，又有义务。人成为仁者，不是由他人命令的，而是自发的。做仁者，是要有命令，但发命令的不是他人，而是自己。这就是权利，他人无权支配。这种权利是要尽义务的。做仁人，不全是为自己，同时也是为他人，可以说是既为己，也为人。仁者，作为一个工具，是为他人的。这两方面合在一起，就是autonomy的意义。史学家就应该有这种autonomy。

史学家要尽可能求实。严格地讲，实与真不同。"真"是逻辑上推出的真理（truth），"实"是接近客观事实（reality）。求实是历史学者的纪律。研究历史，做法是求实，而理想是求真。求真，就是对历史有个总体的认识，有超出他人的见解，敢于肯定自己，有使命感。求实，要在研究中尽可能地排除主观，对自己有约束，敢于否定自己。当看到不符合自己观点的材料时，绝不能视而不见、弃而不用，或者故意贬低它的价值。只要发现材料站在自己的观点的反面，就必须放弃自己的观点。如果有同行指出自己的错误,那就必须要服从。求真,是在总体的看法上;求实,是在具体的层面上。二者有区别,但不矛盾。

我非常感谢上天给我的恩赐,就是我到现在仍然还能感受到这个传统的两头产生的张力。一方面,我热爱中华传统,一生致力于对传统的学习和研究;另一方面,我深感中华传统应对外来挑战时缺乏能力,我们必须改变传统中的有关部分。遗憾的是,我的这个张力拉得还不够满。

《老子》第四十八章:"为学日益,为道日损,损之又损,以至于无为。"为学与为道是相反的,这怎么理解?设想一个原点,为学向右边发展,为道就向左边发展,是学习的反过程。方向相反的现象,还出现在两边分别是知识和道德的情况下,用西方哲学的矛盾同一性来讲,就是"张力",两边拉紧后产生张力。这个张力的价值很大,尤其是在怎么做人的方面。现在有些人,知识多了,离朴实的真我就远了,知识前进一步,离自我就远一步。所谓远离真实的我,指自我膨胀,忘乎所以,就是背离了道。知识越多,越容易自我异化,自以为是,目空一切。知识越多,自己越糊涂。我们在为学的道路上,一定要随时清醒地认识自我,要做到获得一分知识的同时,增加一分对自己的认识。

谈挑战

在理论上,我一直不断地挑战自己,论文不到自己满意的程度不轻易发表。在对比较研究与历史的关系的思考上,从2004年以来,我一直在反复地修正自己的想法,改正自己的错误,寻求精确,这是个非常艰苦的过程。我主要从哲学上思考。客观的历史过程是个人与社会交往的关系的过程,人与人交往时的关系也就是人与社会的关系,它们可以是经济方面的,可以是政治方面的,还可以是其他任何方面的,都是交往的关系。不论是唯心主义,还是唯物主义,对这个说法都不会有异议。既然是关系,必然就是在起码两个东西或人之间产生的,单个的东西不可能比较,因为没有比较对象。交往的关系是客观存在的历史事实,如果没有比较的话,关系的过程就是模糊不清的、混沌的。客观的存在只是关系,一旦被人类的主观意识发现了,关系就变成了比较。换句话说，人类从比较的方面去观察对象，就发现了关系，切入点就有了。美苏冷战，是客观的关系，但人们都是从比较的方面分析双方的情况。可以说，从人的视角观察，自然和社会就是比较地存在着，比如昼夜、晴雨、冬夏、长短、高低、男女、长幼、生死等，都是比较地存在着。比较的关系也有多种，比如一与多的关系、同与异的关系、动与静的关系、因与果的关系、常与变的关系，等等。比较主要是分析这些关系。通过比较，人们头脑中就不再是一片混沌的了，而有了认识。认识也必须依赖逻辑。逻辑理性也有缺陷，因为人类除理性以外，还有感性。

史学家通过比较的方法去发现和认清这种关系。我在夏威夷大学讲学时，谈认识的三个阶段。第一阶段，我站在讲台上，看到下面的听众，都不认识，我的认识是一片混沌。第二阶段，通过比较，我找到我和听众的关系：我们都是学历史的，是在进行学术的对话。找到了共同点，就找到了最大公约数，同时，就将不同点都排除了。是什么和不是什么，就清楚了。第三阶段，再进一步理解，我就知道了听众各自的专长领域，就了解了夏威夷大学的学术特点。

中国人现在经常说文化自信，但不能闭眼面对世界，不能不面对外来的挑战，更不能不敢面对外来的挑战。不回应挑战，自信从何而来？关起门来自称是老大，这怎么能够服人？能够回应一个外来挑战的，就是一个创新。在某些方面，我们不学西方是不行的。人如果不能挑战自己，就不能回应外来的挑战。

我的文章，有不少篇都是用了很长的时间才完成。《关于"以史为鉴"的对话》一文的酝酿，是从二十世纪五十年代末开始的，当时读了黑格尔的《历史哲学》，知道他对中国的观点挑战中国自从《诗》《书》以来的传统，可是当时我没有能力回应。我不能用中国的义理之学去驳他，我若用摆事实讲道理的方法应对他，他理都不理我。要想与他对上话，我只能用理论的方法。黑格尔是用逻辑理性挑战中国的历史理性。我终生学习黑格尔的东西，但我没有邯郸学步。邯郸学步，把自己的走路方式丢掉了。我学他的方法，反对他的说法。另一方面，我研究史学数十年，当然也不再处于蹒跚学步的初级阶段。在这样的情况下，我只能是尝试一下用逻辑理性回应黑格尔的挑战，如果是没有黑格尔理论背景的人，读我的文章会觉得读不懂，会"脑出血"。酝酿关于《老子》的文章，有几十年了。《传承和创新与历史和史学》这篇文章，前后写了十年。历史的实质就是传承和创新。我分析英文的 tradition 和 traditions、innovation 和 innovations 这两对可数与不可数的名词，我认为，不可数的都是"常"，可数的都是"变"。

我之所以一直学习当代西方的史学理论，就是因为我感觉到面临挑战。你如果不了解他们的理论，不要说迎接挑战，就连说话的资格都没有。必须要了解西方学术。我一生遇到的挑战来自两方面。一方面来自西方，具体说是西方的哲学，包括逻辑学，这是他们的长处。在西方人面前,我觉得自己不行。另一方面来自中国古人,具体说是自己掌握古代知识的水平太低。面对陈垣老先生,我觉得自己不行。正因为这两个挑战,我才一辈子发奋读书。读西方哲学,以他们的思维方式解决问题;读中国传统的学术书,包括文字、训诂、音韵、版本、目录、校勘,尽量拉近与前贤之间的距离。自己感觉一生都在奋斗的路上,永不满足。永远在学习,越学越感觉知道的少。

我从1943年就开始读《老子》,并且计划为其作注,笔记现在还都留着呢。多年来一直没有时间集中精力去做,七十年后才写了一篇有关《老子》的文章。学生蒋重跃做论文,问我韩非子"道"与"理"的关系,当时我无法回答他,但这个问题一直在我头脑里并形成压力,十多年里我像耶稣背着十字架一样感到沉重。这不是谦虚,也不敢傲慢。后来写《老子》那篇文章,总算是彻底回答了这个问题。

所有的历史书都是断代史,但是,像《汉书》这样的史书,断代史中包含了通史精神。史书的价值不在历时长短,而在是否有通史精神。我写关于《汉书》的通史精神时,已经八十多岁了,有很多关口要突破。《汉书·律历志》讲历法,要彻底搞清楚内容,不仅要掌握天文知识,还要懂历法的规则。我为此写出公式,用直尺圆规画出图。

黑格尔的《历史哲学》翻译成中文这么多年了，但没有引起足够的重视，反而我们调侃说从历史教训中没有学到教训。这就没有认识到黑格尔所提出的核心问题，外力挑战到门口，自己还不知道，没有觉醒。英国的马戛尔尼（Macartney）造访乾隆，这意味着暴风雨马上就要来了，而中国人丝毫没有意识到，危机出现后，无法回应。挑战不是像两个小孩打架，其中一个打了另一个一拳，这是表面上的；而真正的挑战是文化深层的挑战。现在提倡创新，没有回应挑战的能力而提倡创新，很可能导致"虚胖"。

我们对外来的东西缺乏真正的理解，尚未充分理解就批判之，没有识别的能力。只有理解外来的，自身传统的东西才能发扬。同样，我们读别人的书和文章时，如果说不出文章的优点，就不要谈其缺点。

1996年，教育部在苏州召开一个会，把中国社会科学院的博士生导师和高校的博士生导师召集在一起，交流经验。我发言说，理工科可以有很多年轻的科学家，高斯（Gauss）发现"黄金律"时才十九岁，搞电脑的人，看三年前的书就算是旧知识了，历史学则不然。研究古代史的，要读三千年之前的书，《尚书》《诗经》是必读的。当时与会者中间有一位教育部的司长，七年后在武汉碰到我，他说我在苏州会上的发言他仍然记得。我表示我的话讲重了，但是有话一定要说。

我对中国文化的感情，是既爱又恨，是从爱的角度出发而恨的，恨其不够成为更好的钢。这造成我内心产生激烈的冲突，如果没有这一冲突，我不会到老仍然在探索和学习中。我希望能够做出贡献，有所突破。打个比方，发展到一定程度的国家会陷入"中等收入陷阱"，我们要避免掉入这个陷阱。我这辈子与黑格尔打交道的时间最长，我努力学习黑格尔，就是为了对中国文化做出贡献。

我年轻的时候，想研究中国史，以外国史为背景；毕业分配时，让我做外国史。我想这无所谓，我调换一下就行了：搞外国史，以中国史为背景。研究哪方面呢？读了些西方人写的古代文明的书，我受到刺激，决定做比较方面的课题。我去旧书店买了一些书，包括芝加哥大学的埃及学大师布雷斯特德（James Breasted）的著作《古代埃及史》（*A History of Ancient Egypt*）。他这本书当时卖五毛钱。还有一本西方人写的关于古代文明史的书，全书没有中国和印度，这太刺激我了！苏联人写的《古代世界史》，全书六十五章，东方只占十五章。序论里说东方特点有三个：第一，家长制残余很多，奴隶制不发达；第二，公社长期存在，土地私有制不发达；第三，长期存在东方专制主义。这潜台词是：东方不是落后，就是野蛮。这些观点刺激了我，我决心搞中国、希腊、印度三个文明的比较研究。后来读了雅斯贝尔斯的书，他正好也是做这三个文明的比较。

纯粹的几何学用处不大，几何学建立后，并没有使西方立刻强大，其公理推出定理，全是逻辑的。代数可以解决一些问题，有实际应用性。笛卡尔将几何与代数结合，二者才产生巨大的作用。我们学习西方先进的东西，应该允许做些"无用功"，因为有些东西不是做了以后马上就能看见效果的，而是不知什么时候就会发挥巨大的作用。

我敬仰我们的先烈。黄花岗七十二烈士都是一流的人才。林觉民写给夫人的《与妻书》，文采和人品多高啊！林觉民的侄女是林徽因——梁思成的夫人。林觉民是知道自己不会回来，准备去牺牲的。小时候读谭嗣同的《仁学》，是流着眼泪读的，道林纸的本子，梁任公写的序，说自己做得不够，愧对谭嗣同。与烈士相比，我没有他们伟大，只能是敬仰之极！抗战时期，我是个小孩，不能上战场。现在的中国安定下来了，应该有人做些事，来反思我们落后的原因。1806年，拿破仑在耶拿之役中打败普鲁士，名声大噪。黑格尔看到了拿破仑后，写信给朋友："我看到皇帝了，我看到世界精神骑在马上。"这话一方面是在赞美拿破仑，因为拿破仑传播的是法国革命的精神，普鲁士尚未统一成为德国，需要革命精神。另一方面，黑格尔把拿破仑看成是执行世界精神的一个工具而已。黑格尔认为，德意志民族应该彻底地深思。无独有偶，德国柏林大学的创办人威廉·洪堡给普鲁士国王写信，提议依靠教育挽回战争的损失。后来德国实现了给予各个阶层的人接受教育的机会的目标。这是深刻反思的结果。第二次世界大战失败后，德国人又做了深刻的反思，觉醒也很彻底。德国总理勃兰特在二战期间犹太人受害地的纪念碑前下跪，这是很真诚的。能够反思和觉醒的民族是大有希望的。德国在科技上能够赶上英国是有深刻原因的。我们的确应该学习德国的这种精神。

人不能仅仅满足于生存而已，一定要有更高的目标。雅斯贝尔斯提出"轴心文明"，就是因为认识到自身的价值。人如果能认识到自身的局限性，就有可能突破。人之所以成为人，而不同于其他动物，就在于能够超越自己。人类从开始出现到现在，不断在超越，而与人最近的猴子，多少年了没什么变化。人总是有新的发明，而新发明的东西就是为了被否定的，被更新的发明取代。所发明的东西要值得否定才有价值。

谈有限与无限

黑格尔从逻辑理性推出历史理性。理性本身作为一个概念,也在运动。但是,他所说的概念运动不在时间和空间中,本身仍然是概念的。他所说的世界精神的演变,是强加给人类历史的。依据中国的历史理性,人直观地看事物,万物都是有限的,太平洋如此浩瀚,但仍旧是有限的。无限存在的基础是什么?这与历史理性有关。我们看到的一切,经验感觉到的一切,都是有限的。中国历史理性的特点是,从有限性本身的否定方面看到了无限性。人,一代一代地被否定,也就是死亡,人的生命是有限的,但多少万年来,人类一直存在,这体现了无限性。从夏商周开始,中国一个王朝接着一个王朝,每个王朝不管持续多少年,最终都归于灭亡,被否定。所以,真正的无限性只存在于有限的否定中。哲学会使人更加有智慧,历史知识也同样能够使人有智慧。人的有限性还体现在人是不可能知道未来的。任何人都不能知道未来，因为变数太多。人必须认识到自身的有限性，这也是有限性的价值。在自己有限性被否定的过程中，一些有价值的东西产生了，流传下去了，成为无限性的了。

李白的"今人不见古时月，今月曾经照古人。古人今人若流水，共看明月皆如此"诗句，体现了有限性与无限性的关系，古人也好，今人也好，生命是有限的，如流水一样是变化的，而月亮相对来说，或者从感觉上说，是无限的，是不变的、永恒的。李白看透了人生的有限性，在有限之中赏月，饮酒，享受生活。陆游的"日长似岁闲方觉，事大如天醉亦休"也同样，在无可奈何的情况下，求得心理平衡。我目前遇到小儿子脑出血的事，幸亏手术及时，否则生命不保。当年罗斯福、斯大林得的都是这个病，那时没有办法治疗，而现在的科技用微创手术就止住血了，只是小儿子仍在昏迷中。他哥哥这些天跑医院，太累，也住院了。人生遇到这样的事，只能是将其看淡，心理上做好接受一切后果的准备。我只能做到一点：身为父亲，对自己一生所做的进行反省。这就是人的有限性。

基督教信仰中，人自感很卑微，很渺小。我记得小时候的祷告文里称自己为"your humble servant"，即卑微的仆人。为什么把人看成这样子？因为人的有限性。人只有归于上帝之后才能够永恒。

我小时候问传教士：上帝在哪？传教士回答：如果你信仰了上帝，上帝就在你心中，你心中就有了sunshine（阳光）。信仰了上帝，就有了希望。我是在中国传统中长大的，我看到的神都是菩萨，传教士告诉我，那些都是偶像，是人做的，上帝的形象是超人类的。他给我的信息是，人类的问题是可以解决的。婆罗门教也是这样，个人都是很渺小的。每个人的灵魂都是从"梵"那里来的，最后返回到梵那里去。人在梵天那里原本是永恒的，但由于犯了错误，有了罪过，产生了业，轮回为人。我长大以后，感觉到这些宗教有积极的意义。

清华大学的何兆武先生学识渊博，又是得道之人，看透一切。他对我说："我们算什么？我们的名字其实是写在水上的，水一流动，名字就没有了。"人如果看透了，就会真谦虚。我比不上何先生，但也能看清楚自己，我天天都在反省自己的有限性。老弟，你每次来和我对话，我都有收获。看到自己的有限性，保持自己的人格，同时尊重别人的人格，就会出现无限性的东西。咱们俩是两个臭皮匠，顶不了一个诸葛亮，半个总是可以的。

谈自由的概念

中国社会科学院哲学所的陈静研究员在《自由的含义：中文背景下的古今差别》一文中，分析了中国古代"自由"一词的含义及其在历史长河中的演变。陈静指出，"自由"最晚在东汉时期已经出现，比如，郑玄注《礼记》，赵岐注《孟子》。郑玄对《礼记》"帷薄之外不趋"的解释是："不见尊者，行自由，不为容也。"意思是，进入帷薄之内，见到尊者，要小步趋行，表示尊重；而在帷薄之外，行为可以随心所欲，自己做主。陈静认为，"帷薄之内"与"帷薄之外"的差别表明，自由是不能与制度和规矩发生联系的。

西方讨论自由概念的人，将自由分为消极的和积极的两类，尤其以英国的以赛亚·柏林（Isaiah Berlin）为代表。大体说来，消极自由指人在行为道路上没有障碍或限制；作为外部因素的障碍是不在场的。积极自由指人的行为的可能性，即人可以控制自己的生活和实现自己的根本目标；作为内部因素的自我控制、自我决定主义是在场的。消极自由应用于个人，积极自由应用于集体。

陈静分析的中国古代的"自由"概念，属于消极自由，就是庄子的"逍遥游"状态。隐士在独自一人的环境中，即"无何有之乡"，是自由的，是脱离社会的，而一旦进入社会，进入人群，就不自由了，即"寓于不得已"。这个看法，是有进步意义的，其表现在给自由与不自由设定了一个界限。自由无所待，完全不需要别人，也不需要别人的自由。魏晋时期的刘伶，好喝酒，常常裸体家居。一天，有朋友来访，见他裸体，讥笑他，他说："我把天地当我的屋子，把屋子当我的裤子，诸位为何进到我的裤子里？"这是当时冲破礼教、追求自由的表现。这也说明，自由在社会境况下，是犯众的。

为什么西方有人有自由的观念？西方的自由观念是从《圣经》的《创世纪》开始的。亚当和夏娃吃了禁果，被上帝赶出来，就获得自由了。自由，就是人有选择的自由。亚当和夏娃有选择的自由，自由是上帝抛给他们的，他们选择了吃禁果。所以，自由既是权利，也是义务。上帝说，你们出去吧，你们自由了。给了他们权利，他们也承担一切义务。孔子关于"颜渊问仁"的答复也表明，他认识到了作为人，大家都身兼权利和义务，拿自己当人，也拿别人当人。这也是生到这个世界上就应该有的，即生而自由。

现在有很多人认为，自由就是放任，这是对"自由"一词的片面理解。中国传统害怕人们自由，不仅统治者怕百姓有自由，家长也怕孩子有自由，自天子以至于庶人，都怕。这其中有一个原因：将自由与反思等同起来，传统害怕反思，反思就意味着错误。西方的自由概念从《圣经》传下来。上帝赋予你的，你不想要都不行。你不想自由，跳水自杀，上吊自杀，而选择自杀，也是自由的表现。从另一方面看，人生而自由，即生来就有责任，要为自己的自由负责。因此，可以说，自由从来就与不自由联系在一起。消极的自由，没有"帷薄之内"的限制，也是"竹林七贤"之一的刘伶放荡不羁的行为实质，而这种自由可以扩大和缩小。任何自由都有一个限度，这个度可以放大，也可以缩小。我的自由可以缩小到我的房间里，我在房间里行走，活动，我是自由的，即使我动不了了，躺在床上，也仍可以自由思想，胡思乱想。可是，出了门，上了大街，自由度就不一样了，我必须要注意来往车辆。刘伶把天地当作他的房子，把房子当作他的裤子，这是无限扩大，没有个度了。度是量的，也是质的。质的方面，你我在这个房间里坐着，我必须尊重你，不能挤开你，坐你坐的地方。自由是从自己出发的，起码是选择的自由（free will），我的 free will 不能干涉你的 free will，个人的 free will 不能干涉社会的 free will，这就是质的问题。量的问题，个人的自由所在的空间，由自己决定和调节。去一个小食堂，菜的种类有限，如果去一个大宾馆，种类就多多了，人的选择就更自由了。

法国革命是以"自由、平等、博爱"为口号的,但是,在这口号下,雅各宾党人实行"恐怖主义"手段,杀死了很多人。"恐怖主义"(terrorism)一词就是从那时开始用的。挽救法国革命的是拿破仑,拿破仑也推行自由平等博爱,但他使用的手段就是武力,你不服从,我就打你。所以,人类文明的道路上,善恶都有,连黑格尔都承认恶的作用,尤其是恶在历史上起到的积极作用。中国历史也同样,每次农民暴动都死很多人,但结果是积极的:秦末的战乱,带来了汉初的兴盛。

西方的十九世纪,是人类历史上的黄金时代,各个领域都有杰出的成就,科学、哲学、社会学、音乐、文学,等等。但是,人类这种动物,天生有个问题:有成就,就狂妄。二十世纪发生两次世界大战,一次死上千万人。人类还有一个问题:好了疮疤忘了疼。发生了这么大的灾难,人类必须反省,必须对将来的走向进行思考,在哲学上找到出路。雅斯贝尔斯的"第三次轴心时代"是一个理想,是否能实现,都是未知数。

人不自由,是两个因素造成的。第一,人相对于自然,是不自由的,即便是庄子也不能违背自然,必然受制于自然,他只能是以顺从自然作为自己的自由。一个人没有自由,不是因为别人嘴上说不给他自由，而是别人通过某种手段夺去了他的自由。比如，奴隶制将奴隶用脚镣锁住，使他们失去自由。亚里士多德把蛮族视为天生的奴隶。第二，古希腊的自由是城邦的自由，个人是没有自由的。强调个人的自由，是近代才开始的。城邦自己立法，严格管制公民。每个公民必须具备两个方面的能力：能够担任领导，也能够服从。不是领导，就必须服从，这就是自律。自由所包含的两部分内容，就恰恰是孔子所讲的"克己"的两部分。

自由，都是具体的，没有抽象的自由。自由表现在具体的方方面面上，凡是具体的都是有限定的。比如，喝咖啡、喝茶、喝酒，是你的自由，但你也许喝咖啡会睡不着觉，喝酒会心动过速，那你就不能选择咖啡和酒。所以，喝什么是受到限制的。年轻男女谈恋爱，是自由的，他们可以自由在一起，自由分手。荀子讲的"礼"，实际上就是自由不自由的问题。

消极自由，指脱离社会的情况下，自我支配的自由。消极自由只能是一种倾向，不可能成为现实，因为人不可能真正脱离社会环境。我小时候，家里挂着明末清初朱柏庐的《朱子家训》（又称《朱子治家格言》，不是朱熹的《朱子家训》），白底红字的叫"阳文"，红底白字的叫"阴文"。我做完功课后，就看看《朱子家训》，也背过一些内容。比如"黎明即起，洒扫庭除，要内外整洁。既昏便息。关锁门户，必亲自检点"。他还说，"国课早完，即囊橐无余，自得至乐"。意思是，把上缴国家的税交了后，口袋里没剩下多少，仍然自得其乐。他认为尽完义务，就自由了。就是说，要想自由的话，首先要尽义务。所以，没有纯粹的消极自由，人不可能离开社会，除非人变成动物，退回没有社会的状态。社会上，人人要纳税，你逃税，税就转移到别人头上。这就是你的自由干涉了他人的自由。

另一方面，如果要真正实现消极自由，逃避也是无济于事的，必须真正实现积极自由，才能实现消极自由。两种自由不可分，二者之间也存在张力，这个张力也是个人自由与集体自由的关系。为了实现消极自由，必须争取积极自由。《马赛曲》有句歌词"不自由，毋宁死"，自由与死之间，是排中的。不仅要实现自己的自由，还要让所有的人都自由，这是积极自由的表现。"无产阶级只有解放全人类，才能解放自己"是争取积极自由最典型的口号。积极自由是消极自由的前提，而取得了积极自由以后如何实现消极自由，也是值得重视的。以赛亚·柏林认为，积极的自由有产生集权主义和独裁的危险，因为他是从俄国逃出来的，看到俄国革命充满了暴力，他认为法国革命也如此，尤其是雅各宾党人的"红色恐怖主义"。积极自由的代价是巨大的，很多人因此丧失了生命，也丧失了自由。当时有人就批评法国革命：自由，为了这个目标，许多人死在这个自由之下。

权利和法律是紧密相关的。英文的 right 一词有很多意思：除

"权利"以外,还有"右边的""正确的""好的"。right由德文Recht而来,在德文中还有"法律"的意思,而其在英文中脱落了。再看俄文和法文,这个词都兼有"权利"和"法律"的意思。中国在二十世纪五十年代曾经批判资产阶级法权,中国人民大学有位教授问我法权是什么,我就把英文、德文、俄文、法文的意思告诉他。我从中发现个道理:权利和法律是紧密联系在一起的,权利只能靠法律规定,权利也必须是合法的。自由是一种权利,当然也就是法律规定的。

自由的一项内容是自律。自律包括两个方面。一方面是自己为自己立法。从质上来讲,我立法,我遵守。从量上讲,法是集体立的,是"大我"立的。这样的话,问题就出现了。集体立法,必须是少数服从多数,所以少数人就不那么自由了。相对缺乏自由的少数人,仍然保留自己的一些权利,比如言论自由、信仰自由、思想自由,等等。这是民主制度。但是,民主制度也有问题,少数会变为多数的,多数会变为少数的,所以执政者,或是政党,或是个人,是轮流上台的。很多情况是,执政者虽然是多数人选出来的,而一旦权力在手,行为就容易超出法度。人类是很复杂的动物,所以我对自由采取的是一种消极的态度。

自由是上帝甩给人类的,人类不是自由的,而是被自由的,想不自由都不行。《创世纪》说,亚当夏娃吃禁果,上帝就把他们从伊甸园里赶了出来,就把自由给了人类,人有了主观意志,就处处自由，同时也就处处不自由。我们应该从这方面开始讨论自由的问题。

戴逸先生主编《清史》时曾让我参加设计工作，后来他研究清代的朴学，也找过我看稿子，认为我对清史有些认识。在一次会议上，戴先生说他提一个问题向诸位请教：清初康熙皇帝没有汉文化的包袱在身上，他又对西学产生浓厚的兴趣，他为什么继承汉族传统，而没有传播西学？我发言的时候，戴先生被领导叫去而没有在场，他儿子在场。我对他儿子说："请转告令尊，他不是请教，而是出了考题，看我们这些学生能否回答。我试着回答，请你记下。"我的回答是，这是有关选择自由的问题。从一方面说，满族人不是汉族人，也就没有必须继承汉文化的负担，面对汉文化和西方文化，他们可以进行自由选择。从另一方面说，他们的选择也是不自由的。我以具体事情为例，加以说明。我们的会议有自助餐，大家都可以自由选择食物。但是，我们的选择范围是有限的，不可能吃的东西应有尽有，这是自由选择的一个限度，是客观上的限度。第二点，诸位面对丰富的菜肴，不知选什么吃，这是主观上的限度。对于我来说，我吃素，与其他人相比，我自由的选择范围又小了一圈，是客观上的；面对有限的选择，我主观上还是有到底吃什么的问题。对于满族人来说，入关之前，西方的文化没有传播到他们那里。从努尔哈赤开始，满族与明朝的接触就十分频繁，努尔哈赤当时能到"瓦栏"听说书，这说明他的汉语水平相当高了。满人入关，大量任用汉族儒臣，对汉文化有很深的了解。满族入关之后，统治的对象是汉人，不是洋人。这是客观限定，康熙没有选择自由。这算是学生对老师的回答，希望能够及格。

选择是自由的，但自由也有限制。选择的自由表现在什么方面？受到的限制有什么方面？有主观限制，有客观限制，只有这两种可能，没有第三种。《清史稿》记载，顺治临终时，还很年轻，太后也还在世。他得天花而死，但头脑清醒。他写了一个遗诏，有十三条"罪己"内容，其中包括没有充分保持尚武的传统，对汉文化的警惕性不够，不能对太后尽孝，等等。虽然顺治说要排斥汉文化，但其实他对汉文化是很重视的，他的儿子康熙本应该实现父亲对汉文化的排斥的愿望，但是，康熙加速了顺治的汉化政策，到雍正、乾隆时，汉化就更广泛了。这就是选择自由的客观局限性。

红绿灯限制了交通的自由，却又真正地保证了交通的自由。

谈音韵

学习古文,音韵知识是必不可少的。我从年轻时就认识到音韵学的重要性,一生都在学习中。直到现在,音韵方面的书就放在手边,随时查阅。

有一次与同事去外地开关于先秦诸子的会,火车卧铺间还有一位某单位的局长。局长问及学术会议内容,同事回答:《老子》与《孙子》。局长大笑,我补充说:还有《倪(儿)子》,er古音读ni(娘日归泥)。

《朱子语类》里经常出现"啥物事",今天的吴语保留了这个说法,意思是"什么东西","物事"就是事物,既指东西,也指概念。刘知几《史通》有一篇《言语》,解释方言、口语。

我去江西参加土改，听当地人讲话，他们读"月"为wa，我很惊讶，想起李白的诗句："玉阶生白露，夜久侵罗袜。却下水晶帘，玲珑望秋月。"诗中的"月"字读wa，与"袜"同韵。苏轼的《念奴娇·赤壁怀古》最后两句："故国神游，多情应笑我，早生华发。人生如梦，一樽还酹江月。""月"读为wa，与"发"押韵。这样的句子很多。

双声叠韵是人类语言早期阶段遗留下来的，我是从孩子的发音意识到这一点的。小孩子经常把一些名词以双声叠韵的形式表达，因为发音部位相同，发音简单。我的一个孙子，小时候爱吃花生米，对大人说："我要吃豆豆。"我纠正他："不是豆豆，是花生米。"他说"乎乎米"。这是双声叠韵。我再纠正他是"花生米"，他学着念出"乎哼米"，这是双声，是他自己创造的。韵母上，"花"是复韵，由u和a组成，比eng难发音，他辨别不了，所以简化为eng。

ch发柔音是ch，发刚音就是k。"教堂"一词，英语读作church，苏格兰音读作kirk。

"文献"一词，英文是text，与纺织有关；"文献"也叫"经典"，"经"也与纺织有关。《论语·八佾篇》："子曰：夏礼吾能言之，杞不足征也。殷礼吾能言之，宋不足征也。文献不足故也。足,则吾能征之矣。"对这句话最早的注解是三国时代何晏的《论语集解》,他引郑玄的解释"献,贤也"。何晏从郑说。两晋之际的郭璞注《尔雅》,在"释言"中,郭璞解释"贤",引《尚书·皋陶谟》"万邦黎献",认为"献"即"贤"义。伪孔安国《尚书传》也将"献"解释为"贤"。这是一种解释。还有另一种解释。《尚书·大诰》"民献有十夫"句,伏生的《尚书大传》改为"民仪有十夫",以"仪"释"献"。段玉裁《说文解字注》也认为,"仪"就是"献","民献"与"民仪"相通。上述两种解释说明,"献""贤""仪",三字相通。这一点,我可以从音韵上证明。上古音系统里,"献"属于"元部","贤"属于"真部","仪"属于"歌部"。真部与元部可以旁转,歌部与元部可以阴阳对转。古代,"献""贤""仪"发音部位接近,为舌根音/齿音,都是en结尾的,所以可以通用。"文献"一词含有两个内容,"文"指文本,"献"指当时的人、贤人。贤人最初指作者,后来包括传承者、注释者、讨论者。"文献不足故也",不仅文本不足征,连传人都不足征了。理解其人,才能更好地理解其文。

我很后悔年轻时没有背诵《诗经》,三百多篇,半年时间应该可以背下来。我当时没有背,是因为认为《诗经》的文学程度比较浅,就选择了背《楚辞》。后来认识到背《诗经》不仅有利于学习古代音韵,而且可以掌握很多古代的知识,比如车上的各种部件的名称。明朝的陈第作了《屈宋古音义》《毛诗古音考》,讲《诗经》

《楚辞》的古音怎么读，比如"者"读作"堵"。

二十世纪八十年代初，我去首都图书馆看书，经常遇到一个山西人，他对《诗经》非常熟悉，虽然是业余爱好者，但能背《诗经》。每次遇到他，我都很惭愧。

我家乡的地理位置在长江三角洲，有助于对方言的了解，我的家乡话受到南京话和扬州话的影响。清代的时候，皖南一带出现了很多音韵学大家，因为很多皖南人在扬州做生意，是所谓徽商。当时有两大商品：盐和茶叶。扬州是大运河与长江交汇的地方，唐宋以来就是商家集中的地方，"烟花三月下扬州""腰缠十万贯，骑鹤下扬州"，扬州在五口通商之前是中国真正的"上海"，地处南北交会处，扬州最有条件做语言的比较。只要你留意，到处都是音韵的资料。我在无锡的江南大学读书时，很注意方言的区别，我要求自己能够听懂苏州话、常州话、江阴话、宜兴话、无锡话，但时间短，未能达到。一些标准的词，我学会了，所以我听方言的能力比较强。

读书最重要的是能够产生兴趣。我对逻辑的兴趣是从数学来的；对音韵的兴趣是从方言来的，也与小时候背诗、学写诗有关。那时发现，古诗的读音与后来的不一样，问题就产生了。为了解决问题，就必须要学音韵学。后来养成查字典的习惯，各种字典都放在手边，随时查。

《诗经》"高山仰止,景行行止"的第一个"行"是道路,第二个是行走,"景"字的意思是"大","景行"就是大道。故宫的景福宫就是大福宫,现在很多人的名字叫"景福",就是大福的意思。《诗经》的"高山"与"景行"是对称的,有高山就仰望,有大道就行走。"行"有两种发音,xing 和 hang,这是音韵学规律决定的。声母 x 后面不能跟 ang,否则肯定带出来一个 i 音,比如 xiang,香港的香(xiang),广东人读 hong,声母改变了,韵母也随之发生变化。

我有一次去南方,火车上遇到一位先生,我问他去哪里,他说:"到 dengzhou。"我说:"您是江西人吧?"他当时很奇怪,问我怎么知道的,我是根据他把"郑州"读为 dengzhou 而判断出来的。关于舌上音,古代没有"知彻澄娘",只有"端透定泥",zhi 读 de。同样,江西人把"南昌"读为 nantang。

我写古诗用的是《诗韵全璧》和《平水韵》。《诗韵全璧》有韵部,有例子,有典故,比《佩文韵府》好用。当时清朝科考的人背这样的书很有用。作诗,必须要先背下几百首诗,才能够掌握用韵。写古体诗就要用古韵。

谈清代学术

我住在西单附近的时候,曾经每天黄昏去逛旧书店,或"蹲书摊",作为休闲。有很长一段时间,我非常关注清代学者的年谱,每遇到这类书,总要翻看,甚至重复看。通过阅读他们的掌故,我对清人的学术研究以及目录学有了深一层的了解,这些知识深化了我的研究工作。

清代大学者的著作,都有人做过校对。校对者不是普通人,而是大学者的高足。让弟子承担校对,就是培养后继之人的过程。

《尚书》中的《汤誓》可以认为是真的,《汤诰》是伪的。凡是司马迁看到的先秦文献都算是真的古文,是春秋时期的人根据口传整理出来的。王引之的《经义述闻》和俞樾的《群经平议》对读《尚书》

非常有帮助。王引之的分析让人读起来最"过瘾",俞樾的评议还有些穿凿。

章学诚自称不讲门户,实际上他最讲门户。现在对章学诚评价太高,不太符合实际。他是个悲剧,他看到清王朝的弊病,有心改变,但学问不够,还很自负。他的思想远不如王船山,与西方学术更是无法相比。当时康德的历史理性理论已经出来了。

戴震对章学诚说,他对理学很反感,因为它束缚人性。章学诚认为戴震是两面派。戴震说,学问有两种,一种是抬轿子的,一种是轿中人。你们只看到我做抬轿子的学问,你们不知道我是坐轿子的人。……戴震五十四岁去世。

崔述(崔东壁)是辨伪大家,非常自信。他怀疑一切,只相信"六经"(其实是五经),经以外的传,一概不信。他重视客观证据,决不凭主观成见,人云亦云。他在《考信录》里提倡学者要有"老吏决狱"的能力,一眼看出问题所在,这样的能力,就是先见。我们既不能缺少先见,也不能为先见所障蔽。

崔述在《崔东壁遗书》中说,他小时候,他爸爸让他读书,每本书读一百遍,然后再让他背。这样就把书的内容记得烂熟,所谓"读书百遍,其义自见(现)"。其实,在理解的基础上背,效果会更好。

廖平的学术被称为"六译",我只读他的前四译,后面的两译是有关谶纬的。

人生,不能以现在的地位高低来衡量成功与否,每个人有自己的性格、自己的活法,做自己喜欢做的事最重要。清代很多学者都说明了这一点。很多有学问的人,都是从官场退下来之后取得学术成就的。赵翼被派到广西去镇压暴乱,他办了主犯,放了从犯,结果遭到降职。他因此借故辞官,回家养老母。从四十四岁到八十八岁去世,每天读《廿四史》,做功课,很消遣。钱大昕、王鸣盛都有类似的经历。他们这些曾经做过高官的人,在地方上无人敢欺负,经济条件也很好,可以专心读书。

阮大铖是明朝末年的佞臣,清人入关后去世。南明之所以灭亡,有一大原因就是像阮大铖这样的小人当政。但是,这个人也是一位文学大家,著有《燕子笺》和《春灯谜》等戏剧作品。我清楚地记得牟宗三先生给我们讲的有关阮大铖的故事。阮大铖小时候,笨得要死,还贪玩。他家里有钱,请老师在家外一间专门学习的屋子教他。不管教他什么,他都学不会。中午休息,老师趴在桌子上打盹,他就溜出去玩。有一天,老师生气,打盹时,把桌子移到门口,堵住了门。他很笨,不知道从桌子底下钻出去,就只好在屋子里等老师醒来。老师和家长都认为这孩子没出息,学不出来。有一天放学后,他没有回家,家里人很着急,直到月亮出来了,他才回家。家人问他干什么去了，他说作诗去了。他爸爸嘲讽地问，你能作什么诗？他妈妈说，你让孩子说。阮大铖就说，他在路上看到池塘边有人用罾（罾就是有十字架支撑的网，将它放在水中，看到鱼虾进入网区，立即扳动罾，捕获鱼虾）钓虾。他说他只写了两句，第一句是"虾子鱼儿无一个"，他爸爸一听就气坏了，骂儿子写出这样的烂诗。他妈妈鼓励他说第二句，儿子说："只扳明月两三罾。"这是写人们在钓月亮，比起钓鱼虾，境界高多了！父母对他顿时刮目相看。从此以后，阮大铖开窍了，后来在文学上越来越有成就。

惠士奇在广东做官时，广东天气热，但他白天都要穿着官服，戴着纱帽。一下班，把门一关，脱去官服，光着膀子，开始背《汉书》。他的学生在门外听着。惠士奇很投入地背，一遍一遍地背。这样的功夫，看起来很笨，但背到一定程度，脑子里的东西足够多了，人脑就变成了电脑，效率就来了。检索速度很快，联想能力很强。有效率必须要有联想力，看到一个东西能够很快联想到其他东西。效率来自多方面的准备，来自多方面的训练。读书如果能够"里应外合"，就能提高效率，这也是知识结构的问题。同样是看人"扳罾"捕捞鱼虾，你如果有多方面的积累，当接触到新材料或者读到别的书时，你就能够里应外合，就像阮大铖说的"只扳明月两三罾"。

清人在目录学方面做出了非常大的贡献。对治史的学者来说，掌握目录学知识是必要的，近代学者非常注重这方面。邓广铭先生曾指出，治史学有"四把钥匙"：年代、历史地理、职官制度、目录学。其中目录学是搜集史料的门径。邓先生受教于陈垣先生和傅斯年先生，他的观点肯定受到两位老师的影响。陈先生是史料学大师，傅先生更强调："近代史学只是史料学。"傅先生的观点有点偏激，史料毕竟不同于史学，二者应该分开，但强调史料对于史学的重要性是对的。做学问要从学习目录学开始，学目录学，不能不读余嘉锡先生的《四库提要辨证》。余先生在读《四库全书总目提要》时，发现其中有很多错误。这些错误也许是《四库》的编者们因乾隆急于成书而草率不求精所致。余先生在《四库提要辨证》中纠正了他所发现的错误。张之洞的《书目答问》也从别的方面补足《四库全书》的内容。张之洞此著是为了回答年轻人应该读什么书的问题。近人范希曾作《书目答问补正》，纠正原书的错误，又增加了张之洞以后一些书的新版本。值得注意的是，《书目答问》有《国朝著述诸家姓名略》附在正文后面。姓名略为什么重要呢？孟子说："颂其诗，读其书，不知其人，可乎？"（《万章下》）姓名略记录了一些有关著述家的掌故，给读者提供"知其人"的背景材料。除姓名与流派以外，姓名略还介绍了其他方面的内容：有些人没有著作传世，但其论述散见于他人著作中；有些人不专一科，兼治经学、史学、小学；等等。

孟子提倡的"颂其诗，读其书，知其人"尤其受到明清两代学者的重视，王世贞的《弇山堂别集》，黄宗羲的《宋元学案》（黄未做完，全祖望接着做），李集的《鹤征录》（李集未完成，其子李富孙、李遇孙续写），江藩的《汉学师承记》《宋学渊源记》等，记载了大量的掌故。近代学者柴德赓的《识小录》与其他文章，也以掌故为主。通过这些掌故，我们可以了解著述家的知识结构、学派传承，著述的背景，以及他们在学术界产生的影响，从而更深刻地理解他们的学术观点。

乾嘉学派中，吴派的惠周惕、惠士奇、惠栋祖孙三人成绩斐然，但三人的思想却不同。惠周惕思想比较保守，维护清廷的统治，学术上尊汉学也尊宋学；惠士奇和惠栋政治上有反叛倾向，学术上反对宋学。江藩的《汉学师承记》和钱大昕的《惠先生士奇传》记录了一些他们的掌故。雍正针对官员的贪腐设计了一个方法，名为"宰肥鸭"。他在官员贪腐到一定程度时，或没收其家产，或令其自费修城治河。惠士奇在广东做学政，名声很好，但返京后雍正令其自费修镇江城。惠士奇散尽家产修城，资金仍不够，没有完成，被雍正罢官，直到乾隆时才重新被任用。钱大昕认为惠士奇是被冤枉的。惠士奇的经历与他反宋学批程朱不无关系。江藩《宋学渊源记》记载，惠士奇（一说惠栋）将手书楹帖"六经尊服郑（服虔和郑玄），百行法程朱（二程与朱熹）"，挂在堂前柱子上，以表示尊崇汉学与宋学的立场。然而，这很可能是给外人看的，是护身符,并非惠氏本意。李集的《鹤征录》记录了惠栋惊人的记忆力,并赞赏他的名言:"宋儒之祸,甚于秦灰。"戴震、阮元等清儒都有批判宋学的言论,这是因为时代的变化,与雍正利用程朱理学杀人不无关系。戴震指出:"人死于法,犹有怜之者,死于理,其谁怜之!"阮元反对宋明理学对儒家经典的曲解,提出"古今义理之学,必自训诂始"的主张。

柴德赓先生研究清代学术和学人掌故,他认为:钱大昕处事小心谨慎,但他能与不可一世的戴震交往,因为二者都不满宋学。汪中与章学诚水火不容,但与钱大昕则关系很好,也是因为汪、钱讲经学常针对当时的社会问题而发。同样,钱大昕、汪中在著作中不提拥护程朱的章学诚,他们关系疏远,肯定与观点相悖有关。章学诚在《文史通义·史德篇》中将谤君的人视为"名教中之罪人"。柴先生发现,"名教罪人"是雍正喜欢使用的字眼。雍正兴文字狱,年羹尧奉旨自杀。年案波及钱名世,雍正亲笔写了一个"名教罪人"的匾,令钱名世挂在自家门上,以羞辱之。章学诚使用"名教中之罪人"一词,明显是在维护"以理杀人"的礼教。柴先生明确指出:"了解一个人的思想,从议论上去找以外,还有无声之声,要在细心读书才能发现。"这里的"无声之声"就是指掌故之类。

想要了解古代都有什么书,大家都会从清人纪昀主编的《四库总目提要》入手。这部书的优点是有目有录,不仅有作者及其著作，还有作者生平介绍、著作内容评价；对不宜收入的书，只保留书名，略附提要，称为《存目》。其缺点是分量大，二百多卷，而且乾隆四十六年以后的书没有收入。后来纪昀又编了《四库简明目录》，缩减到二十卷，删除了《存目》。《四库简明目录》过去广为人知的只有两个版本：邵懿辰的和莫友芝的刊印本。后来黄永年先生在旧书店又发现了朱修伯的传抄本。朱本因此出版，由顾廷龙作序，黄永年写前言。这三个版本各有千秋，相互补足。

版本质量的高低，取决于注释者和校勘者的知识水平和学术水平。有些书不仅涉及的方面广泛，而且包含了非常专门的知识，比如《尔雅》。《尔雅》"释诂""释言""释训"解释字义，"释亲""释公""释器"解释亲属称谓和生活用器，"释地""释丘""释山""释水"解释地理，等等。《尔雅》与《说文》不同，前者根据语境解释字义，后者不重视语境。清代学者研究《尔雅》的著作不下二十种，其中邵晋涵、郝懿行的注释是佼佼者（张之洞认为"郝优于邵"）。校勘四库这样的涵盖广袤的类书，没有多年的知识积累是不能胜任的。传统的知识结构中，许多部分是相关联的。比如，历法与天文，不知天文，就不知历法；历法又与音乐搭在一起（《汉书》有《律历志》）；天文学（astronomy）又与占星术（astrology）纠缠在一起。这些有关版本的知识，学人不可不察。

清人朱一新在《无邪堂答问》中提出一个非常值得思考的问

题,他指出,掌握目录学知识,所有书商都可以做到,"何待学者乎"。对书商而言,学习目录学为的是获得经济收益;对学者而言,掌握目录学为的是提高研究水平。如果不将目录学知识应用在学术研究上,学者与书商无差别。要研究,就必须要发现问题。从实质上说,目录学就是分类的学问,而分类的标准离不开逻辑学。中国历史以典籍浩瀚闻名于世,众多的典籍必然发展出图书的分类。我们可以问:中国古代的目录学是以什么为分类标准的?其分类标准是否符合逻辑?

中国古代对图书的分类,一直没有严格的标准,或者说缺乏统一的分类标准,从先秦到清代都有这个问题。从《庄子·天下篇》和《荀子·解蔽》对先秦诸子的评论来看,区分诸子的标准不在学科,而在学派,这样的分类很容易将不同学科的著作混杂在一起。汉代的司马谈继承了这一分类标准,他的《论六家要旨》更是认为阴阳、儒、墨、名、法、道德诸家的主旨是一样的,都是为了"治"。其实,从学科上看,这六家很不一样;从主旨上分析,各家也不尽相同。《汉书·艺文志》记载刘向的"七略"分类,即六艺、诸子、诗赋、兵书、术数、方技,外加目录。这样的分类大有问题,诸子类怎能没有兵书、术数、方技?当然,这与汉成帝的干涉有关。刘氏将诸子分为九流:儒、道、阴阳、法、名、墨、纵横、杂、农。这仍然是按照流派区分的。依据刘氏,诸子出于王官;诸子之分,在于他们所守或职能不同,而不在于学派的观点不同。因此,刘氏的分类,兼流派与职能,标准不统一。另外,按照职能的标准，刘氏认为纵横家"出于行人之官"，但是先秦诸子，除道家以外，无不周游列国，冀以被国君任用。对农家的划分也有矛盾，将倡导"君臣并耕"的思想流派之农家与介绍农耕技术之农家混为一谈，明显缺失标准。到了清代，分类标准仍然存在问题。《四库全书》将儒、释、道三家合并到子部，使子部类的书驳杂不一；还将先秦道家与汉代以后形成的道教混在一起，不合情理。这是根据什么标准分的呢？《四库提要》子部总序断称，"自六经以外立说者，皆子书也"，这意味着，史部、集部中全无立说之作。司马迁的"通古今之变，成一家之言"如何解释？中国传统追求的"立德、立功、立言"的"立言"如何解释？

过去研究目录学的学者取得了非常大的成就，但都忽略了目录学中的分类标准这一问题，这也许与时代的局限有关。今天我们学习目录学，应该与时俱进。严密逻辑是人们思维的正确方式，更是学者的必要工具。目录学，首先是分类；分类，首先是逻辑。我们做研究，必须将逻辑规则应用到方方面面，不止目录学。

清末的王闿运，科举出身，很会写对联。他曾经在曾国藩的幕府工作，活到民国。袁世凯死后，他写了副挽联：

> 民犹是也，国犹是也，何分南北；
> 总而言之，统而言之，不是东西。

还有一副：

> 男女平权，公说公有理，婆说婆有理；
> 阴阳合历，你过你的年，我过我的年。

谈陈垣先生的学术

历史学者所读的书当然离不开史书，包括史料。史料分一手、二手、三手，我们怎样找到史料？找到后怎么读？史料内容可信度有多高？发现不同史料对同一事件的记载有不同怎么办？所述内容是否能懂？这些都是有关读书的问题。史料一词过去也叫作史源（historical sources），研究史源的学问叫作史源学。陈垣先生是史源学大家，我们可以围绕他如何治学谈谈找史料的问题。

陈垣先生读了梁启超对玄奘事迹的年代考证，提出反对意见。梁先生在《中国历史研究法》一书中讲述，他在给玄奘作年谱的过程中发现有年代的问题。依据玄奘弟子所著的《续高僧传》和《大慈恩寺三藏法师传》，玄奘离唐西行的年代是贞观三年（629年），返唐时间为贞观十九年。梁先生认为，返唐时间没有问题，问题是离唐年代。因此，他做了非常详尽的考证,最后将玄奘出发时间从贞观三年改定为贞观元年。梁氏的论证有好几个方面,其中重要的有两点:第一,玄奘回唐的年代为贞观十九年,在外十七年,但是,掐头去尾计算,如果贞观元年出行,在外十七年,也可以是贞观十九年返唐。第二,梁氏从玄奘途中所见之人方面考察,以定其离唐年代,这一另辟蹊径的手法无疑是匠心独具的。他发现玄奘在西突厥见到了当时的叶护可汗,立刻查阅了有关史料。他先查到晚出的《资治通鉴》说叶护可汗于贞观二年被杀,但不甘心,他要从正史中查出《资治通鉴》所依据的材料。最后他在《新唐书·薛延陀传》中找到叶护被杀于贞观二年的记载。梁氏因此指出,如果按照传统的贞观三年出行的说法,玄奘不可能见到叶护可汗,因为后者于贞观二年既已被杀,因此他的贞观元年之说成立。

对于梁启超先生的论证,陈垣先生进行了进一步的考证。陈先生指出,宋代的《资治通鉴》中贞观二年叶护被杀之语,源于唐代的《通典》,《通典》明言叶护于贞观元年见弑,而《通鉴》割裂原文,说成二年,有误。另外,陈先生发现,《册府元龟》也明确记载西突厥的"统叶护"(叶护可汗)在贞观元年为伯父所杀,并指出,《册府元龟》记载唐代史事,多依据《实录》按年编排,史料可信度很高。更重要的是,陈先生依据《通典》发现,西突厥的叶护可汗有两个:统叶护和肆叶护,后者是前者的儿子。贞观元年,统叶护被伯父杀死,伯父自立为俟毗可汗,而统叶护之子肆叶护与俟毗争立并于贞观三年统一西突厥。玄奘于贞观三年出发,贞观四年抵达西突厥，所见可汗是肆叶护而非统叶护。如此，则法师贞观三年离唐之说不误。陈垣先生的论证，不仅解决了玄奘西行的年代问题，而且使西突厥统叶护被杀，俟毗篡位，肆叶护复仇并重新夺回汗位这段历史重现在史学界。

梁启超先生透露，他为玄奘作年谱时，凭借的史料合计不下二十种。我们看到，尽管梁氏尽可能搜集史料，但他仍然遗漏了《通典》和《册府元龟》两部重要的著作。他所依据的，主要是《资治通鉴》和新旧《唐书》，也许他只相信正史。陈垣先生没有局限于正史，他能够利用政书《通典》和类书《册府元龟》这样的材料，深知其可以补足正史的缺失，甚至可以纠正正史的错误。《通典》著于唐代，叙述唐以前制度所依赖的是二手材料，而叙述唐代情况则依据一手材料，因此对唐代的叙述有相当高的可信度。另外，《册府元龟》从宋代的散佚到后来的残卷借从日本拍照之机而留存之命运，使陈垣先生对它有特别的关注。

上述对梁先生和陈先生引用史料的对比并没有抑梁扬陈的意思，我只是想说明，搜集史料的问题不容小觑，它可能直接影响到学者的观点和结论。大师不免有疏忽的时候，何况我们？有了一个研究题目，进行史料的搜集时，要尽量做到占有所有的史料，所谓竭泽而渔。梁先生没有做到，而陈先生做到了。再者，读书是一个积累知识的过程，博览群书可以为研究工作打好坚实的基础。博览群书的前提是认为自己的知识不够，必须加倍努力。如果满足于现有的知识，很难产生读书的动力。陈垣先生在六十九岁时曾对学生们说:"我明年七十,更觉得所见太少,所知太少。并非自馁,亦非自卑。诸君比我聪明,三十五岁时将与我相同。"(《史源学实习及清代学术考证法》)这句话听起来是谦虚之言,但我相信,这是陈先生一生的座右铭,他对知识的不断追求,正是源于此。

陈垣先生说,做学问搜集资料,要"竭泽而渔"。张之洞的《书目答问》这本小书,陈老两年内读了两遍,第二遍比第一遍读得还要细致。"泽"就是知识结构。现在的人主要靠上网找资料,输入几个关键词,就找到所有的材料,可以说是"一网打尽",与竭泽而渔差不多。但是,网上搜寻只是一个捷径,只能是一时有效。对做学术的人来说,人脑要先于电脑而动,电脑要因人脑而用,这种主从关系不能反过来。《书目答问》告诉我们如何做学问,告诉我们最基本的材料都在哪里。搞古代史,要先从清代的学术史入手。读《左传》,如果仅仅从《左传》的"文"开始读,就缺少了"献"这一部分,即后人,尤其是清人,对《左传》的研究。《书目答问》所列的史学、经学、小学与这些的关系,十分有用。所列的史学家,有几个不是经学家?有几个不是小学家?一流的史学家同时又都是经学家和小学家。史学部分有不同的门类,清楚地掌握这些门类,头脑中就形成了知识结构的网络,有层次,也有一个一个的泽。每个问题都属于某一个具体的泽,要解决这个问题,就必须在它的泽中寻找答案,做到竭泽而渔。找错了泽,就无法获得资料。大海不是泽,无边无际,无处入手,让人如同老虎吃天,无处下口。泽与泽是搭界的,类似洞庭湖,包括多个湖,一个湖就是一个泽，面积是有限的。研究一个题目竭一个泽，研究做多了，这些泽在头脑中就形成了知识库。

陈垣先生的《元西域人华化考》，研究元朝的"色目人"汉化的程度。这是个非常有意义的课题。过去人们对清朝满人的汉化情况了解很多，对色目人的情况了解很少。史书中提到色目人的名字，将他们的事迹寻找出来就不容易了。陈垣先生看了几百种书，除史书之外，还有小说、笔记、书信、文集，等等。他是如何知道从这些材料中寻找的？关键就是他平时头脑中就有一个个的泽。

我要提倡陈垣先生的治学方法，并弘扬光大。我一定要向有关领导建议，否则我对不起我们的民族。我能活多久，这是上天的事，我只管自己的事，能做就做。我希望能办一个关于陈老治学方法的研讨班，国际性的，不仅有国内学者，也要有西方学者。现在西方汉学家读古书的能力远远不如十九世纪、二十世纪的大学者。

有几个词，我发音不准，一个是血统论，一个是学统论。前者是血缘关系，我们称为血统；后者是师从关系，称为学统。还有一个词是水桶论。就学统方面说，现在与陈垣先生有过学术关系的人，已经很少了。他的学术一定要被继承下去。我觉得陈老是有意识地补足自己的短板，哪方面不行，就补哪方面。陈老与当时的国际汉学界保持联系和交流，尤其与法国的伯希和（Paul Pelliot）交往甚密。现在法国没有伯希和了，中国没有陈垣了。

黄宗羲的《明儒学案》非常重要，开创了中国学术史。他将明儒的学统关系讲得很清楚，包括纵向的师承，横向的同门，各有什么书，各有什么见解。后来他又开始写《宋元学案》，但没有做多少，由全祖望接手完成，篇幅比《明儒学案》大很多，也很精。陈垣先生对这两部"学案"的内容非常熟悉，可见其重要性。顾炎武的《日知录》是考据性质的札记。顾炎武之前有王应麟的《困学纪闻》、黄震的《黄氏日钞》，顾炎武之后是钱大昕的《十驾斋养新录》，这部书做得最精，学术上有很多新发现。我写那篇关于《日知录》的文章时，不知道应该读《黄氏日钞》，这说明我不够资格研究顾亭林。经陈老的指点，自己才惊醒。顾亭林是反对陆九渊和王阳明的，黄梨洲兼采陆王。在经学领域里，顾亭林是汉学经学家，黄梨洲是汉学兼宋学的经学家。顾亭林和王伯厚（王应麟）的书很有意义，都是在亡国后写的。王应麟、顾炎武的著作寄托了关于亡国的思绪。《日知录》刻版时，原文有改动。顾炎武提到的"国朝"是指明朝，刻版时改为"前明"。陈垣先生在抗战中写《通鉴胡注表微》，也有同样的共鸣。

陈垣先生有爱国思想。他用全祖望《鲒埼亭集》作史源学教材，表彰清初的明朝遗老。全祖望是乾隆时期的人，但他有明代遗老思想，也是个全才，通经学、史学、小学、诗文。黄梨洲写《宋元学案》，但是没做多少，大部分是由全祖望做的。这是中国第一部学术史。宋朝末年的文天祥、作《困学纪闻》的王应麟、作《文史通考》的马端临、作《黄氏日钞》的黄震,他们都是同科的。陈老在沦陷时写的《通鉴胡注表微》寄托了民族情怀。

史学界的"二陈",即陈寅恪、陈垣,刻意不碰经学,因为经学有很多不可解决的问题。陈寅恪先生说自己"不敢观三代两汉之书",这看起来是谦逊之辞,其实是因为先秦两汉的书很少,语焉不详,证据不足。陈垣先生直到七十岁时,才准备通读《十三经》,但后来没有实行这个计划。他们一辈子只做史学,不做经学。他们经历过两种摈弃经学的形式。一种是革新派,反对古书,比如国民党元老吴稚晖,主张将线装书扔到茅厕里去。另一派是"新儒家",即梁漱溟、熊十力、唐君毅等人,捍卫传统。"二陈"代表了近代史学的开端,史学真正从经学中分离出来。过去经学和史学总是联系在一起的。

热河文津阁的《四库全书》转到北京,陈垣先生能够先看到。他发现《四库》缺乏有关基督教的文献,他想按照朱彝尊的《经义考》和谢启昆的《小学考》的方法补足基督教的书。搜寻所有的书,存在的,不存在的,都收录。对存在的书,介绍有哪些序,哪些跋,哪些评论,让读者有一个大概的了解。对已不存在的书,也尽量对其内容做介绍。陈老虽然不碰经学,但会采用《经义考》的方法做基督教的文献。他研究基督教、佛教、伊斯兰教,都不搞教义,而是搞宗教之间交流的历史。

研究经学的，天分低的人，考证一点具体的东西；天分高的，立足于好几个点。二者都可以成名。这样的话，功名利禄都来了。两汉以后的史料，非常丰富。不仅数量庞大，而且专门知识的科目也多。陈垣先生的《元西域人华化考》非常有价值，可以说是"经国文章"，大手笔，让我读起来爱不释手。其重要性在于揭示了当时外族人认同的是什么文化的问题。他使用的材料，一般人都不知道，也不会用。陈寅恪认为，清代做史学的著名人物，如赵翼、王鸣盛、钱大昕等人，都是做了大官以后再做学问。他们研究历史，不是为了出名，而是为了消遣。要出名，必须做经学。经学到了清代末期，已是乌烟瘴气。古文经学很腐朽，今文经学走火入魔。

我从南方来到辅仁大学，心境发生了变化。在江南大学时，上钱穆先生的课，了解他的学问。钱先生做考证，做大课题，发现康有为的《新学伪经考》是错误的，写出《刘向歆父子年谱》予以辩驳，一举成名。钱先生也搞年代、地理、先秦诸子，等等。我非常感激钱先生，钱先生告诉了我通史的重要性，如果没有他的教导，我不会考虑魏晋南北朝史的问题。《廿四史》中，我最薄弱的是《元史》。但是，我到了北京以后，感觉钱先生在学问之精的方面，不如陈垣先生。史学界"二陈"之说，不是随便叫出来的，二位的成就有目共睹。陈垣的考证，发现叶护可汗有两个，因此指出梁启超先生关于玄奘西游年代的问题；陈先生还考证出有两个郝天挺，一个在金朝，一个在元朝，一个是元好问的学生，一个是元好问的老师，后代史家认为是一个人，陈老的这一发现纠正了史书的错误。陈老是无书不看，所以能发现别人没有发掘的东西。

顾炎武的《日知录》"停年格"条提及"辛琡"，但后人注《日知录》时，不知辛琡是什么人，遍查古书也找不到。陈垣先生发现，"辛琡"是北魏的"薛琡"，顾炎武误写为"辛琡"。

民国初年，孙中山先生在南京任临时大总统，邀请袁世凯到南京任大总统，袁不愿意脱离他在北京的大本营，因此在北京召开国会，陈垣先生任国会议员。当时陈汉章提议以孔子之教为国教，梁任公先生也赞成，这与他的老师康有为先生有关，但陈老反对。陈老研究宗教，了解基督教。他从中西文化史角度看问题，认为中国应该开放，不能闭关。英敛之办辅仁大学，当时天主教会的马相伯看中了陈垣老，同意由他担任辅仁大学校长。……陈老著《元也里可温考》，研究基督教。

陈老是做过官的，当过教育部次长，但一心想做学问，离开政治。任国务总理的梁士诒因此很不满意。如果陈老继续担任副部长，也就无足轻重了，历史上的副部长太多了。现在陈垣就是陈垣，一提中国的历史学家，其中就有他。

在南方的时候，钱穆先生给我两个影响。一个是必须要有强烈的通史意识，因此我做中国历史和西方历史，都注重一个"通"的概念，在研究横向的同时，关注纵向的。第二个影响是如果要研究先秦诸子，必须熟悉清代学者的成果，尤其是清人的考证。宏观的理论思维与微观的考证结合在一起，这就够用一辈子了。到了北京，陈垣先生给我的影响是读书要精。陈老对我关于顾炎武文章的点评，引起我深刻的反思，反思自己读书的不足之处，反思自己读书的精准度在哪一个层次，反思自己与陈老的差距，从中学习前辈的读书方法。

陈垣先生比钱穆先生长十五岁，读书比钱先生精，博的方面也胜于钱先生。陈老决不写通史，他对历史学的研究和贡献是别人做不到的。他开拓的年代学，如《中西回史日历》《两千年中西历对照表》，对研究历史的人而言不可或缺，不知历法行吗？陈老的《史讳举例》研究历史上的避讳，不知道避讳的规则，读古书就不精，甚至读错，能不重要吗？《释氏疑年录》讲年代，钱大昕先做，没有完成，陈先生接着做下去。陈老的《校勘学释例》，提出的对校法、本校法、他校法、理校法，就是运用逻辑，中国的历史理性也有逻辑。西方人讲究历史的真实，有两种真实：一种是符合说，所讲的东西要符合客观；另一种是连贯说，前面所说的要与后面说的一贯，不能有矛盾。陈先生的本校法，就是强调前后不能自相矛盾。

学校曾经给陈垣先生派过一位助手，那是我的学长，但他不能胜任，很快就回来了。其实若派我去就好了，但我是搞外国史的，我争取去也不行。

陈老做官，对做学问很有帮助。他能够以教育部次长和北图馆长的身份经手敦煌的材料，组织人手对《四库全书》进行整理、编号码。他找材料太方便了，别人没有这个优越条件。

谈及"文献"，陈老对我来说，就是"献"。何晏注《论语》的"文献"："献，贤也。"

我年轻时读过梁启超先生的《中国近三百年学术史》，有了大概的了解，但后来发现他的研究不够深，没有层次。梁先生比陈垣先生大七岁，梁的学术成就是巨大的，陈没有达到梁的程度，但是读书之精，梁比不上陈。

谈学外文

我学英文、德文、俄文，都遇到了最好的老师，这是非常幸运的。我学外语，文法是老师教的，词源学是我自己学的。

我学外文的方法完全受到中国传统小学的影响，尤其是清代学者遗留下的有关语言结构的治学方法。《说文》的六书研究的是字形的结构，音韵研究的是声音的结构，虚词研究的是句法的结构。我们学习外文或者阅读外文资料时离不开查字典，但人们查字典时往往只是挑选一个可能的意思放在句中，上下文通顺就满足了。我查字典非常注意词的结构，首先从其词根入手，了解本义，然后查看其引申义。引申义也有若干层，即引申义的继续延伸。

比如，dictionary（字典）的拉丁文词根是dicere，意思是"说话"，引申出与之有关的词：

dictate（口授）、dictation（听写）、dictator（独裁者）、diction（措辞）、dictum（格言）。dictionary，加上前缀或者后缀可以有edict（法令）、prediction（预言）、verdict（裁决）、contradict（反对），等等。

又如，position这个词，词根是拉丁文的ponere，是动词，意思是"置放"，变为名词则是"置放的位置"。从"位置"引申出地位、职位、阵地、状态、态度、立场、观点等抽象义。这种从本义到引申义的学习方法虽然比单独查一个意思要付出更多的时间，但一旦掌握后，就学会了一组单词，从而提高学习效率。

下面举实际应用的例子。有一年冬天，一位外国学者来北师大讲演，我担心下雪路滑而未去听。演讲结束后，有位学外语的听众将讲演内容转达给我。其中提到一个词，我没有听懂，他就拼写出来：reification。这个词他也不懂，但他根据学外语的经验，认为re是"重复、再"的意思，与后面的ification组合。我凭借从结构入手的学习经验，认为rei的拉丁文词根是res，res是"东西、事物、物"的意思，后面加上fy构成动词，意思是"使形象化，具体化"，其名词形式为reification。按这个理解，上下文就通顺了。英语的translation是翻译，而复数的translations指被翻译的具体作品，这个过程就是reification，即使抽象的东西具体化。

拉丁文res表示事物的例子还有很多，比如res加public，即"公共的事物"（republic：公共）。"共和国"就是公共的事情、大家的事情。那么，为什么在英文中res和public组合后没有s了呢？

这是因为英语这个词从法语而来，法语res中的s不发音而被去除了，变为republique，英语就成为republic。俄文仍旧保留了s：respublika。掌握拉丁文的res发展成法语、俄语、英语的不同形式，就是结构的比较的运用，这种方法可以用来认识更多的字。如同摘葡萄，一粒粒摘，不如一串串摘效率高。从词根到引申义的方法就是一串串地摘葡萄。

积累了有关词根的知识，遇到生字时就多了一条理解的途径，下面举例。我在美国时有一次与一位学者谈话，他提到一个词pathology，我知道logy是希腊语"学科"，pathos是希腊文词根，有感觉、痛苦的意思，二者合在一起是研究疼痛的学问，即病理学。有位美国学者来华参加学术会议，我和他一起乘船游三峡。在船上我问他有种能在水上快速行驶的船，其英语是哪个词，他回答是hydrofoil boat。我知道hydro是希腊文"水"的意思，许多与水有关的词都以hydro开始；foil有薄片、飞翼的意思：hydrofoil boat当然就是水翼船。另外，我还注意到英语里关于水的几个词，如water、hydro、aqua，最后一个为拉丁语。知道了这几个词的根，与水相关的词就容易理解了。

但是，我也犯过使用不当的错误。在美国斯坦福大学访问时，我与该校的汉学家倪德卫（David Nivison）教授交流学术。他对古代的天文历法非常有兴趣，并有专门的研究文章。在交谈中我使用了astrology（占星术）一词，想表达"天文学"的意思，因为astron是希腊语"星星"的意思，logy是"学科"。倪德卫将astrology纠正为astronomy，并指出我犯错误的原因：希腊语的后缀logy和nomy均指学科，但占星术作为一门"学问"在时间上先于"天文学"，与其他学科并列，后人易于将二者混淆。

有一个学生提及美国有很多condo类型的房屋，我没有听懂这个词，当学生告诉我这是英语condominium的简称时，我马上明白了词义。我解释说，con是拉丁文"共同"的意思；dominium的拉丁文本义是"家、房产"的意思，英文的对应词是domain。condo就是共同房屋，即国内所说的连排式房子。

掌握语言结构必须有"类"有"例"。上述的res是类，reification和republic是例，一类两例。语言结构还有层次，词是一个层次，句法是另一个层次。同样，知识结构也要有类，文、史、哲、科学是不同的类，都应该掌握。知识结构决定效率；有了结构，知识就能转化为能力。我们肯定会忘记所学的具体内容，但方法的运用，作为一种能力，是不会被忘记的，而且是越自觉运用，效率越高。

我认为学外文有三个阶段。

第一阶段：把学习外文当作一种无法推脱的任务来完成。为应付考试、取得各种资格，不得不学。学习者处于被动地位：实不想学，而又不得不学。故每当有些借口，即行放下，长期循环，如留声机的唱片有损坏处，唱到坏处又倒回来，循环往复不进，最终毫无效果，不能终曲，还浪费了大量时间。

第二阶段：把外文当作"敌人"来征服，当作敌人的碉堡来攻取。学习者占据主动地位，积极想尽一切方法，调动一切可能调动的力量和手段。如此则有效果，可以达到相当的水平。

第三阶段：把外文当作"情人"来拥抱。打破敌我之对峙，消除主客之差异，相互渗透，"体贴入微"。其可至"随风潜入夜，润物细无声"之境界。如此，则乐在其中，自能登堂入室矣。真是知之者不如好之者，好之者不如乐之者。

下面具体谈。

第一阶段：排异

现在很多人学外语是为了取得某些资格，不得不学，我小时候虽然没有这类原因，但对学外文也有类似的排异感。我的英语启蒙教育是在教会获得的。当时英语老师所用教材的编者是加拿大人 James Gareth Endicott，中文名字叫文幼章，老师使用的教学法是"直接法"。直接法的特点是通过口语句子的声音直接接触外语，所用的课文内容上比较贴近生活，老师不用汉语，不讲语法，只纠正学生的错误。比如，有个学生说："Today is cold"（今天天冷），老师纠正为"It is cold today"或者"Today it is cold"。至于错在哪里，老师则不说明，因为学生年龄小，不宜接受太复杂的讲解。我当时学习很努力，对英语也不例外。我手边有本《英文常用六千字表》，考试经常得100分，有一次得了95分，心里十分难过。太平洋战争爆发后，日本人关闭了教会。我很怀念在教会学英语的时光，对英语也产生了一些兴趣。

抗战时期，我上了一段时间的补习班。英语课上学了《伊索寓言》、鲍德温（James Baldwin）编写的《泰西五十轶事》(*Fifty Famous Stories Retold*)、《纳氏文法》(*Nesfield's English Grammar Series*)。与教会的直接法不同，老师分析英语语法。我感觉语法与汉语古文相差太大，于是产生了排异感。另外，语言学习的进程应该是逐步渗透的，而从接触生活层面的直接法一下跳到分析语法结构的层次，使人在理解上产生断裂感。

第二阶段：攻克堡垒

抗战胜利后，我去南京读一所私立学校，校长是从美国留学回来的理工科博士，叫周西屏。周校长教英语，不重语法，以名著节选为主。周校长很忙，我们的英语课经常由另一位老师上，他也姓周，叫周俊卿，圣约翰大学毕业的。他教我们读查尔斯·兰姆（Charles Lamb）和玛丽·兰姆（Mary Lamb）兄妹编写的《莎士比亚戏剧故事集》。在两位周老师的英语课上，我有了很明显的进步，但仍有很多语法上的障碍。上江南大学时，一年级有三门英语课。沈制平先生教我们英语文学，使用的课本是陈福田编的外国名著。沈先生曾经在无锡的辅仁中学任教，是许倬云先生的英语老师。后来我结识了许先生，惊讶地发现我们受业于同师。一年级的英语语法课由姚志英先生开设。姚先生是上海著名的中学老师，他与张云谷1940年编写的《短篇英语背诵文选》对当时国人学习英语的影响很大，很多著名学人都读过。姚先生的这门课没有用一句中文，使用东吴大学的语法课本。他分析语法十分透彻，讲解各种时态和语气也非常清晰。我忽然发现自己对语法产生了兴趣，并下决心学好语法，但这个时候仍然将语法当作堡垒去攻克。后来我学习任何一种外文，都从语法上下功夫，这成了一种自觉的习惯。

姚先生开的另一门课是英语作文，用中文讲。第一周出作文题，第二周讲评。我当时的作文不好，靠文法的格式写。姚先生评语说：你很努力，但要写好作文，必须熟背英语文章，越多越好。

我于1952年大学毕业，我们当时留校的同学中，王桧林先生和龚书铎先生是北师大的，而我是辅仁大学的，外语相对好些，系里分配我去搞西方中世纪史，搞了一年后就分我去教世界古代史。

1955年我去东北师大进修世界古代史，同时学习希腊语和俄语。学希腊语，苦于缺乏老师和课本，自学非常困难；而学俄语，幸运地遇到谦和低调并且心细的张正元先生。他讲解《共产党宣言》时，分析俄语的特点对我们帮助很大。他说俄语语法比英语复杂，名词就有六种格，而英语只有三种，但掌握好了以后就不觉得难了。有一次大家听苏联专家的讲座，翻译将马克思引用的俄国学者科瓦列夫斯基的话错误地理解为后者引用马克思的话，听众觉得不对。张先生给予纠正，并指出翻译是将俄文语法名词的主格与宾格搞错了。这说明了掌握语法的重要性。

1956年，北京大学德语组出版了《大学德语课本·第一册》，这使我非常兴奋，当即就买了一本，并且写了一首诗，将其作为我的"情人"。这本书我都读烂了，现在仍然珍贵地保存着。学德语的方法是背课文、背语法。

1957年，我回到了北师大。当北师大的德语专家张天麟先生开课教授德文时，我请他收我做学生。张先生测验了一下我的水平，说："你语法很好，但发音不行。"在他的班上，我很快就觉得"吃不饱"，我就每周去张先生家，他单独教我。上课时，他先让我提问题，提完之后再问我问题。这是一种培养学生产生问题的教学方法，我受益匪浅。在他的指导下，我学完了两册《大学德语》，有了一定的基础，便开始攻读德文经典原著。他让我读海涅的诗，我感觉很美，但具体说不出其艺术特点。我前后和他学了四五年，其中，有时因故中断了。由于我学德语非常努力，张先生用了一个德文词形容我——grundlichkeit（英文的相应词是thoroughness），即"彻底性"或"战斗性"，这是恩格斯形容德国人的一个词。

二十世纪六七十年代，我参加了北师大的翻译小组，由郑儒箴先生指导。郑先生会英语、德语、法语、希腊语、拉丁文。我们当时翻译朗里格（Stephen Hemsley Longrigg）写的历史著作《伊拉克1900—1950》。朗里格是英国记者，文学素养很好，用词与句子结构安排非常考究。我和小组另外的成员（李雅书先生、张文淳先生）每翻译一部分就交给郑先生审阅。郑先生为我改稿，用铅笔画线，我问是不是翻译错了，郑先生回答："不是翻错了，而是不到位，你没有注意这句话读出来的声音与结构安排的目的。"我认识到我没有达到翻译文学作品的程度。我所用的方法仍然是"手术刀"或"解剖刀"式的，即只是分析人体构造与病因，没有将感情置于其中。

第三阶段：热情拥抱

"拥抱"阶段，是最高境界。这要求学人对外文作品内容的理解已经达到精准无误的程度，而且对作者行文安排和遣词造句的意图深有洞察，从而能够在深层次上欣赏作者的语言艺术，彻底"坠入爱情"之中。物质有三种存在的形式：固体、液体、气体。某些物质从固体转为液体，再转为气体，是自然的；如果从固体直接蒸发为气体，就是"升华"，即英文的 sublime。对文学作品的真正欣赏，离不开灵魂的升华。审美观达到了物我一致的境界，尚未完全理解内容就能欣赏，得鱼忘筌，得意忘言，即使是母语读者也未必能做到。我没有达到这一层次，仍旧停留在第二阶段。

我定下了自己做古代历史的三个领域——希腊、印度、中国，所以很想学希腊文、拉丁文、梵文。在东北师大进修的时候，开始学希腊文，但没有老师，自学太难，没学成。进修后回到北师大，和李雅书先生一起跟马香雪先生学习拉丁文，刚学了两个星期，因故中断，没学成。学习梵文，完全是自学，坚持了很长时间，还是失败了。

我曾经三次学习日语，三次未能学成。第一次是抗战时期，日本人占领我们的学校，强迫学生上日文课，我心中有强烈的抵触情绪，所以没有学。第二次是我到辅仁大学上学时，参加了日文班，班里有十多个学生。老师叫程信德，教得很好，我也很认真地学，成绩也不错，但是不久抗美援朝战争开始，日文课就停止了。第三次是去了东北师大进修，发现有很多日文的材料，我想自学。我学外语，必须攻克语法，但是发现日文的文法太复杂，我就放弃了。

外语的口语很难学。我从南方来到北方，听侯宝林的相声，笑不出来，因为听不懂。美国有位汉学家 Barry Blakeley，中文名字叫蒲百瑞。去武汉大学参加有关楚史的会，我与他在火车上坐一个包间。他能说点汉语，我能说点英语，我们沟通无大障碍。当时火车上在播相声，说有个人喜欢戴高帽子，喜欢听别人夸他的书法。他问一个朋友如何评价自己的字，朋友夸了一句：好！这个人又问：怎么好？朋友继续夸：非常好！他不满意，非让朋友具体说怎么好。朋友说：这幅字好到不能随便流传到国外。他还不满意，仍然追问为什么，朋友只好说：怕丢人啊！这个包袱抖出来后，车上的人都笑了，只有蒲百瑞不笑，因为不懂"丢人"的意思。我告诉他英语是 lose face，他才笑了。

我学外语，习惯于比较不同语言的差别。英文中有 ing，可以用在分词上，也可用在动名词上。德文的动名词词尾是 ung，分词词尾是end。德文的end只能做形容词词尾，失去了动词词尾的功能。在英文中ung和end合在一起变为ing。我曾经对两位德国神职人员讲这个现象，他们很惊讶，说他们自己从来没有想到过。英语的ing做动名词词尾的时候是不变的，做分词词尾时就变化，现在分词表示正在进行：比如，running dog（走狗），known fact（已知的事实）；giving（正在给予），given（给定的）。

掌握一两门外语，对学历史的人非常重要，起码可以了解外面的同行目前的研究状况。现在的学者中，六七十岁的人，外文普遍不好，但这情况是历史造成的，也不容易改变。而三四十岁的这一代，还是有希望的。

白寿彝先生曾经问我是否能做中西交通史，因为他年轻时教过一段时间中西交通的课。我那时还没有开始学习德文和法文，但我告诉他，这个领域，没有外语的基础不能做。除英语以外，德语、法语都很重要，因为德国人和法国人做了很多这方面的研究。白先生听了我的意见，就决定放弃。1959年白先生又问我是否愿意做中国史学史，并让我读两本书：《史通》和《文史通义》。我就买了《史通》来读，现在这本书还在，但纸张已经不能碰了，很容易碎。

我没有宗教信仰，但我读了很多佛经，比一般信佛的人读的多，大乘和小乘都读。我是为了历史研究而读的。我读佛经没觉得很难，借助工具书，不难读懂。英文译本比中文译本还容易懂。中文译本的翻译有问题。我为了研究印度，自学梵文，专门准备了一个笔记本，最终还是没有学会。

在匹兹堡大学，许先生推荐我读雅斯贝尔斯关于轴心时代的论著，雅斯贝尔斯就是讲中国、希腊、印度，所以我的知识结构马上里应外合，产生许多想法。因为有英语的基础，能够比国内其他学者先接触到西方的论著。

中国人翻译佛经，有音译，有意译，有"格义"，但这些都有问题。格义就是用中文原有的词来翻译佛教的词，但两者根本不是一个概念，后来鸠摩罗什批评格义，而且彻底放弃。音译的优点是保留了梵文词汇的发音，但意思不清楚。意译不能显示梵文的发音，而且同一个词有多种不同的意译，读者会糊涂。《大智度论》，又叫《摩诃般若波罗蜜多论》，"大"就是摩诃，"智"就是般若，"度"就是波罗蜜多。本来就翻译为"大智度论"，后又译为"摩诃般若波罗蜜多论"，发音准确些了，但意思不易懂。"般若"是梵文"智慧"的音译，佛经用它来表示一种特殊的"智慧"，就是一种超越一般世俗智慧的智慧；"波罗蜜多"是梵文"到彼岸"（"度"）的音译，这种度，也不是用船来摆渡，而是说，有了般若，就得度。

你们做研究生时，我给你们讲英文的《家庭、私有制和国家的起源》，这有双重目的。第一，读外文从分析语法入手，提高理解的能力；第二，学习书中的观点。这本书是恩格斯根据《资本论》的观点写的，尤其是认为由商品必然发展出资本主义社会。邓小平提出社会主义有商品经济、市场经济，市场经济有社会主义的、资本主义的后，我就不便再开这门课了。

我一直坚持学习外文。在学马恩列的六本书时，我有俄文、德文的版本，对照中文版学习。这样，学习、理解可以更清楚。见缝插针，学了不少东西。

现在的英文教育有缺陷，好多学生考托福，得到高分，但去了美国后遇到很大的阅读障碍，看不懂复杂的内容，没有分析语法结构的能力。

谈中西历史比较

我是学中国史的，后改学西方历史。去东北师大后，写古希腊黑劳士的论文，有心搞希腊哲学。雅斯贝尔斯的"轴心时代"考察的重点是古代希腊、印度、中国。我参加工作不久就定下的将来的研究领域也正是这三个古代文明。真的是很巧。

大多的比较史学都在方法上进行：异地同时的比较、同地异时的比较。我走的路是逻辑上的。我们也不能仅仅依靠逻辑，因为人除理性以外，还有感性。黑格尔说，人兼有理性和激情。

人们生活中离不开比较。上街买菜，谁不比较呢？人也一样。比如，将陈宁与刘家和进行比较的时候，必须将两人的共相抽出来比较，没有共相就无法比较。任何比较，都是有限的，都是在某些共相方面的比较。

库恩的《科学革命的结构》一书引起我深刻的思考，他提出的"范式理论"认为，历史上的范式之间是没有"通约性/共度性"（commensurability）的，也就是不可比较的。福柯（Paul-Michel Foucault）的"知识型"也同样认为范式之间是不可通约的。不可通约，前后历史就是断裂的。比较，就是可通约与不可通约的统一。中西的差别是历史性的，我们应该从不可通约的现象中找到可通约处。

2004年，复旦大学的陈新教授邀请我去参加一个会，我和他谈到比较研究，他非常感兴趣，并且搜集了一些例子，我们合写了一篇文章。我说，真正严格的比较研究，一定是在属概念加种差的情况下的比较，这样的比较最有价值。萝卜和白菜可以相比，因为同为蔬菜。库恩的"范式理论"认为，科学史上不同的范式之间没有联系性，是不可公约的，也就不可比较。我说，比较是可公约与不可公约的统一，完全没有公约性的，就是全异，全异的东西有什么可比较的？无公约性的，比如有理数和无理数之间，虚数和实数之间，没有公约数，不可比较。但是后来把有理数和无理数都归于"实数"这个类，二者就可以比较了，这就是属概念加种差下的比较。也就是说，过去不可比较的，也许后来可以比较。人类社会问题也是如此，过去不可公约的，将来可以公约。

中国的史学理论与西方的史学理论缺乏一个公约数，反映在学术机构里，就是搞中国哲学史的与搞西方哲学史的发生冲突。

中国和希腊的理性结构不同，这一差别的原因之一是两个文明在轴心时代之前所继承传统的厚薄不同。

荷马的神话时代没有给后来的哲人留下什么传统，尤其是有关文明的历史记录，因此他们不受传统的窠臼，可以在白纸上创作出全新的图画。进入城邦之前是黑暗的荷马时代，那个时代的文字传承断裂了，没人能够认识。那段历史只是以神话的形式，恍恍惚惚地留存在《荷马史诗》中，无法被书写，也无价值。希腊的历史学家看到的，只是当代的，他们不再注重过去的神话了，而专注于人事，这是很大的进步。历史仅限于当代，因此不容易总结规律。修昔底德就根据当时的情况总结出"修昔底德陷阱"，指出斯巴达与雅典之间的竞争之源是一个新兴的大国与已经称霸的大国之间不可调和的矛盾，一山不容二虎。

柯林伍德（R. G. Collingwood）指出，希腊的历史著作只关心什么是真实的。希罗多德使用的historie一词，在希腊文中的含义是"追问，考察"，强调对当事人或目击者的追问和考察，重建事件的经过。古希腊的史学很发达，但没有寻求古今之变的要求。中国历史著作中，古今是连在一起讲的。比如，《左传》讲当代，离不开古代，拿古代的事情验证当代。

中国有丰富的历史传统，这既是遗产，也是包袱。后来的人背着这个大包袱，不能将其轻易甩掉。孔子何尝不是背着个大包袱向前走？他的思想有新有旧。先秦诸子各家都有对三代的继承、都"出自王官"的说法不可信，但都有传统的根源。儒家、墨家都引《诗》《书》，只是解释不同。儒家温和地继承周公的观点，孔子的伦理是有层次的，由家庭向外扩是"仁"，由外向里收是"礼"。墨子的兼爱没有等差，有点类似基督教，但又没有基督教的整体理论。道家否定"六经"，当然否定的时候，就会产生黑格尔说的"扬弃"。法家也否定"六经"，但对其内容也很熟悉。"六经"的特点是"经世致用"，是政治哲学，是伦理哲学。《孟子》受其影响，讲些经济理论，法家也提出自己的经济理论。司马迁引其父亲司马谈的话，"阴阳、儒、墨、名、法、道德，此务为治者也"。由此可见，历史理性与政治挂上了钩，史学为政治服务。

周公创立的道德论，崇尚一个道德的天，将民心与天意视为同一个东西，是一个了不起的创建。他的宗法制，用血缘维系与同姓诸侯的关系，用婚姻维系与异姓诸侯的关系，也是一个了不起的创建。然而，实行宗法制，必然离不开祖先崇拜，所以，周人在"敬天""畏天"的同时，也"尊神""尚鬼"。周公身上也背了一个祖先崇拜的大包袱，孔子继承了周公的核心思想，提出德政和仁的观念，同时也背上了周公留下的包袱。这个包袱很重，而古希腊哲人则没有祖先崇拜的包袱。

我不是一开始就做历史比较理论的，而是从具体的研究开始，每做一次比较的研究，我都会往更高一层的地方去思考。这也许就是我的特色。我做比较研究，从写关于黑劳士的文章开始，那时，我就将希腊史的各个方面都作为学习和了解的对象，政治、文化、哲学、社会、经济，都尽量放在知识的箩筐里，都是从比较的角度来学习的。如果只关注黑劳士一个方面，就掉进陷阱里了。我一直是避免掉进陷阱的。北师大历史系刘宗绪教授曾对我说："家和，你这大搬家，从希腊搬到印度，从印度搬回中国，一点都没散架，如果是别人，早就散了。"其实，我这三个领域的网络都是在我的设计之中的，都是为比较研究而设定的，当然不会散架。我做微观研究时，没有不往宏观方面考虑的，而且不断改进旧的想法。只有这样才有资格和能力提出历史比较方面的理论。

我师从林志纯先生学习世界古代史。林先生说，西方古代和中国古代看上去没有相同之处，世界古代各国也没有相同之处，这样的话，给学生上课，就要一个国家一个国家地讲，学生听起来是混沌的。林先生提出一个切入点，即世界古代各国有一个共同点，都是由城邦发展到帝国。法国史学家莫奈（Alexandre Moret）二十世纪曾经指出古代近东从部落到帝国的现象，莫奈的书英文题目就是"From Tribe to Empire"（从部落到帝国），分析了部落发展到王国，再发展到帝国的进程（这本书是我是1953年9月买的，到现在纸脆得一碰就破了）。林先生认为从城邦到帝国是一个普遍现象，希腊的城邦最后发展出亚历山大的帝国，罗马也从城邦发展到帝国，近东也出现过波斯帝国，埃及也经过王朝到帝国的过程，印度也是这样，建立了孔雀王朝帝国，中国也是如此。有了这一共同点，古代世界就有了可比性，这肯定是一个提高，从而发展出比较研究。但是，林先生发现了中西的共同点之后，没有再继续寻求各地城邦不同的地方。他认为中国也与西方一样，由贵族统治。我与林先生的看法有分歧。我认为，虽然都有城邦国家，但城邦与城邦是不同的，有其多样性。在西方，罗马征服希腊，希腊各个城邦服从罗马人，但内部的地方自治保留下来，城邦架构没变。罗马在近东地区，对新建的城市与原有的农村的政策不同，对农村仍然按照原有的制度。中国的贵族制是分邦建国形成的，秦帝国统一以后，实行郡县制，汉初刘邦恢复了分封，但出现刘姓封主间的内乱。西晋的分封也导致"八王之乱"，导致西晋瓦解。明朝朱元璋也分封，燕王坐大，发生"靖难之役"。分封是中国的特色，西方是城邦制，美国到现在还是以众多的州为主体的联邦制。

马克思认为，真正的世界史是工业化以后的产物，因为工业化以后世界范围内的大市场形成，有了世界性的交往。从现实的物质上讲，这是没有问题的。那么，古代世界，没有形成大市场，有没有严格意义上的世界古代史呢？人与人交往，有现实的历史，可是历史既存在于人与人的交往中，也存在于人与人之间一种比较的逻辑关系之中。古代世界的人际关系，是潜在的，在大市场形成之前，必然先有各个地区的小市场，小市场与小市场逐渐连在一起形成大市场，这也是潜在的。大市场不可能一夜之间突然出现。历史上，小市场的出现和扩大，伴随着城邦到帝国的发展。城邦有不同的城邦，帝国有不同的帝国。

中国古代的"三朝"制度能够反映出中国的特点。春秋时期的"外朝"相当于公民大会，国有大事，询问国人。"治朝"是核心，是贵族与君主议政的地方。"内朝"是君主休息居住的地方。到了明清，故宫有三大殿，相当于过去的外朝，但有了明显的变化。太和殿是外朝，乾清宫原本是宫，明朝的皇帝还住乾清宫，皇后住坤宁宫，两宫之间是交泰殿。前面三大殿是理政的地方，后来皇帝不上朝，太监拿着皇帝的圣旨出乾清门，到前面的殿中宣读给大臣们。崇祯皇帝也还住在乾清宫，但乾清门是关闭着的。到了清朝，最初皇帝还住乾清宫，后来就搬到养心殿去了。皇帝由太和殿到乾清宫，又从乾清宫到养心殿，越来越远离大臣。朱元璋废除丞相制，建立了内阁，由大学士主政。大学士到了清朝权力太大，所以雍正时，让大学士发表的上谕仅限于民法，不是很机密的东西。真正的权力出自养心殿外面的一小排房子，就是军机处，在军机处值班的人去养心殿见皇帝很方便。中国三朝从外朝到治朝，再到内朝，内朝又从太和殿到养心殿的变化，反映了君主权力的集中过程。这与希腊的情况不一样。希腊早期有王政，后来被贵族制推翻，贵族制被推翻后，出现了雅典的民主制或共和制。我看到希腊的这一过程才来比较中国的情况。我那篇《三朝制新探》的文章，看上去是谈中国礼制的问题，其实有比较的背景在其后面。

中国人很难想象希腊有多种制度。亚里士多德时期，希腊的政体有六种，他认为三种是合理的，三种是不合理和变态的。第一种合理的是君主制（monarchy），词源是mono（一个，单一），君主是通过法律成为统治者的，所以是合理的。君主的变态是僭主（tyrant），依靠暴力上台，是不合法的。第二种合理的是贵族制（aristocracy），其变态是寡头制（oligarchy）。第三种是共和制（polity），是多数人的统治，它的变态是民主制，是暴民的统治。所以，一个人的统治、少数人的统治、多数人的统治，都有合理的和不合理的。古代中国人不知道这些政体。

西方基督教的兴起取代了以往的多神信仰，祖先崇拜更是无立足之地，西方的君主死后不受祭拜，没有庙号。中国自唐朝之后，皇帝的庙号都是"祖"和"宗"，唐之前不是这样的。汉朝有"有功称祖，有德称宗"的规矩。有开国之功的人肯定称"祖"，其他人功劳再大，也称不上"祖"。汉文帝是太宗，汉景帝就没有称宗，汉武帝是世宗，宣帝是中宗，称宗的都是有大功的。根据周代的礼制，天子七庙，诸侯五庙，卿大夫三庙，士两庙，庶人一庙。庙就是祖先的牌位。庶人一庙，只能祭祀死去的父亲。太庙里面正中的牌位是太祖，左昭右穆，共七个牌位。只有称"祖"称"宗"的七个在里面，没有称"祖""宗"的，牌位放在其他地方。祫祭的时候，在太庙中祭祀所有的祖先。正因为太庙中只允许放七个牌位，所以不能所有的皇帝都称"祖"称"宗"，"祖""宗"牌位超过七个，则新的取代旧的，这叫作"毁庙"。隋朝还只是称"隋文帝""隋炀帝",到唐朝就变了。李渊称为"高祖",李世民是"太宗",李治这样无德的人,也成了"宗"——高宗。以后的每个皇帝都是"宗"。唐朝三百年有二十个皇帝,都是"宗",这样,太庙的规矩就乱了。宋朝皇帝也都不是"祖"就是"宗"。辽、金也有同样的问题,元代基本上是"祖"和"宗",明、清也都是"祖"和"宗"。

我从小读经书,但后来读了西方历史以后感觉到,中国的经学是与史学联系在一起的。中国的经学是永恒的,是为了致用的。兼治中西,才能更清楚地看到中国的特点。

南北朝时代,"五胡"——匈奴、鲜卑、羯、氐、羌,进入中国,都自称有中国的祖先,但这毕竟是传说,因为语言不一样。在这之前,他们与中原都有接触。匈奴处于中国的正北,在战国时期、秦汉时期,与中国的交往就十分频繁。匈奴分南北两部后,靠近中国的南匈奴比北边的汉化程度深。汉人与匈奴的战争、交易、和亲十分频繁,使双方都能了解对方。匈奴人之中肯定有李陵的后代,汉人中也有人投奔匈奴。南北朝时期,第一个统一北方的是刘渊,属于南匈奴。刘渊的祖先在曹魏和晋的时候都当过官。刘渊起事时,声称曹魏和晋是篡位,自己姓刘,是正统。羯是匈奴的别支。鲜卑在东北,是乌桓的同族,二者语言是相通的。《汉书》中有《乌桓传》。西南边的氐、羌,在商代就与中国有交往,氐族汉化程度最深。《诗经·商颂·殷武》:"昔有成汤,自彼氐羌,莫敢不来享,莫敢不来王。"反映了商王朝与氐羌是君臣关系,汉代的史书中也都有他们的传。所以,"五胡"与中原的关系历史悠久;他们之间也有关系,相互了解。这与日耳曼人各个分支迁徙到不同的地方之后没什么交流的情况不同。匈奴兴起,打压别族,鲜卑面临归汉还是投靠匈奴的选择。其他民族也都有类似的情况。所以,中国人不排斥外族人。我们可以从这一方面来分析中国能够统一的原因。

南北朝时期的经学研究很活跃,南北方各有特点,史学也大放异彩。史学的一个特点是"史注"(史书的注解)很丰富。裴松之注《三国志》,引用了二百五十种典籍,刘孝标注《世说新语》,也大量引用当时的史料。乱世之间,史学为什么能够这么突出?除致用以外,也与在中原的外族人重视中华汉文化有关。

夏商周在时间上是部分重合的,而中国传统将同时的政治体变为先后的朝代,使之成为夏商周三代。这反映了中国的历史观。夏商周有并列存在的关系,张光直先生从考古方面证实了这个论点。商在东边,夏在中间,商承认夏的统治地位。周人的祖先在夏的时候是个农官(后稷)。周人窜于戎狄之间,后来又定居于西边。周人在《尚书》中有时自称为"区夏"。周原的甲骨文显示,周与商有朝贡关系,不是被野蛮排斥的。《尚书》将夏商说成是历史上的两个朝代,比如,周公说:"惟尔知,惟殷先人,有册有典,殷革夏命。"周人自称受天命，取代殷人，建立王朝。夏商周原本是并存的，只不过有一个势力最大，被视为"老大"，而在《尚书》中，三者被说成是先后的，依次成为天子。夏商周的并存关系改为先后关系，成为朝代的、历史的关系。在天命论和三代先后统治的理论影响下，外族进入中国，可以比喻为"自动排队"，前面的统治者下去了，轮到下一位。后来的"五胡"、蒙古人、满族人进入中原，都必须用天命论为自己寻找正统的理由。因此，中国的文明不会产生断裂，只能是继承。中国没有出现希腊的迈锡尼发生的情况，迈锡尼文明（Mycenaean Civilization）由于多利亚人的南侵而灭亡。

关于日耳曼人在欧洲的大迁徙，过去北师大图书馆有张英文的地图，上面将迁徙路线用不同颜色的箭头标出来，十分清楚。他们之间没有横向的关系，只有纵向的，也就是说，虽然日耳曼人的语言是相同的，但各分支之间没有什么交流，没有什么关系。罗马人对日耳曼人了解不多。罗马两本最有名的书提到日耳曼人，一本是凯撒的《高卢战记》（*The Conquest of Gaul*），记录罗马人打到今天的法国，接触到日耳曼人的信息。另一本是罗马帝国时期的塔西佗写的《日耳曼尼亚志》。希腊人和罗马人歧视、排斥其他族群的人，甚至对波斯人也不例外，将其视为未进入文明的"蛮族"（barbarians）。

魏晋南北朝的分裂与罗马帝国的崩溃可以在多个层次上比较，

如民族结构的不同、文化的不同、迁徙的不同、分合的不同、宗教的不同，等等。西方的基督教和伊斯兰教都从犹太教发展而来，但三者之间的斗争激烈，你死我活；佛教入华与本土信仰格格不入，也发生过几次灭佛事件，但有特殊原因，包括政治上的、经济上的、文化上的。总体来说，佛教与儒道是和平共处的，文斗不武斗。中国和欧洲的这些不同，导致了结局的不同。入华的胡人汉化了，华夏人胡化了，形成了民族融合。西方则进入分裂和冲突阶段。

南北朝是中国历史上很重要的阶段，没有北朝就没有后来的隋唐统一。当时的南朝已经非常腐败没落，男人都涂脂抹粉，还有贵族吐着血，还要丫鬟扶着去看梅花，这被认为是美。这样的腐败，只有北方部族带来新鲜血液才得以改变。所以，文明要有挑战，要有刺激。

《廿二史札记校正》记："晋载记，诸僭伪之君，虽非中国人，亦多有文学。"这表明，胡人首领进入中国，接受汉文化，经学、史学功底很深，绝非罗马时代的蛮族能比。胡人汉化，必然受到中国"大一统"观念的影响。

魏晋南北朝时期，中原大乱，但史学有空前的发展，原因是入华的北方部族上层迅速汉化。十六国之中，除一个国家以外，各国都写史书。崔鸿著的综合性的《十六国春秋》，是纪传体。进入中原的"五胡"，都有很深的汉文化基础。刘渊对儒家经典非常熟悉，我们称他是个"小经学家"不为过。石勒不识字，让别人读《汉书》给他听,他听后能够很恰当地分析。他问手下自己是个什么样的帝王,手下奉承说可以比肩尧舜。他否认,但认为自己有资格在汉高祖手下任个大臣,还认为如果遇到汉光武帝,可以与之争高下。苻坚小时候自己提出学习汉族经史典籍,并且学习很刻苦。这样的外族汉化情况与日耳曼人进入罗马帝国的情况截然不同。

中国与欧洲比较,看起来完全不同,这是认识的第一阶段。林志纯先生提出中国也有城邦说,表明中国与欧洲相同,这是认识的一个飞跃,进入第二阶段。第三阶段是中国城邦与西方城邦在内部结构上不一样,值得深入研究。这是自觉应用黑格尔的"肯定—否定—否定之否定"的理论的结果。

与西方的奴隶制比较,中国的奴隶制不发达,所以自由人与奴隶的分野不明显。亚里士多德《政治论》谈的自由,是与奴隶相对的。奴隶没有自由,也就没有人格。

我们学历史的人有一个最大的特权:我们每天与古今中外一流的人物对话。他们是一流的史学家、哲学家、语言学家、政治家,等等。这一特权使我们起步就高。孟子让我们读古人的书,还要了解作者。我们读《史记》就会发现,司马迁用的很多材料来自《孟子》,比如尧舜的传说。这样,我们与司马迁对话时,就可以对他说:"你的材料的出处,我们都知道。"我们做比较史学的人相比不做比较的人的优越性在于:我们能够发现他们发现不了的问题,比如我们熟悉了魏晋南北朝历史,再去读西方同时期的历史,就更容易发现新东西,甚至发现一个大的宝藏。中西两边的史学家都是一流的,他们的眼光很高远。中国出现过两个仅次于轴心文明的时代,一个是战国时期,一个是魏晋南北朝时期。

魏晋南北朝时期因其文化上的兴盛可被称为第二个春秋战国时期。除史学以外,科技也突飞猛进,祖冲之的圆周率、刘徽的《九章算术注》、贾思勰的《齐民要术》,都有很大的成就。文化为什么会这样兴盛?这恐怕与中国的历史特点有关系。西方走的是不同的路。研究这方面的不同,可以为中国文化的建设增块砖添块瓦。

与西方文化比较,中国文化的一个特点是:过分强调经世致用。中国人认为,经学、史学不能致用的话,就没有什么价值了。其实,即使不能在经世方面致用,对个人的思想也是一种训练。佛教进入中国,中国人认为佛经的内容太啰嗦,左一句,右一句,讲半天都是一个道理。中国人不喜欢啰嗦,把最重要的内容编在一起,加以简单化,出了《金刚经》。另外,禅宗不偏重于读经,更重视实践,追求所谓"顿悟"。这是佛教中国化的表现——追求实用。

所有的历史主义都是非结构的;所有的结构主义都是非历史的。结构主义分析横向的结构关系,重视深层的结构在人类历史上起的作用,不看重个人的作用。结构主义发展到法国的"年鉴学派"，也重视人类社会横向的结构在历史上的作用，其第二代的代表人物布罗代尔（Fernand Braudel）其实是反历史的。他讲历史有三时段：短时段、中时段、长时段。短时段是表面的现象，包括突发事件，多少还关注个人。中时段就不见个人了，只涉及结构，关注社会整体的作用。长时段转向自然环境、地理气候。我主张把历史主义和结构主义结合在一起，称作历史结构主义，或是结构历史主义，重视纵横相互的关系：横向的矛盾冲突推动纵向的发展，而纵向的发展中出现新的横向结构。这个说法，吴于廑先生提过，但他没有提到理论高度。

西方历史学兴起得很晚，直到十七、十八世纪才真正开始，到十九世纪进入黄金时代。十九世纪有两位史学家非常重要，一位是法国实证主义的代表人物孔德（A. Comte），他曾经做过空想社会主义者圣西门的秘书。孔德受到当时自然科学成就的影响，认为历史是客观可靠的，只要整理好材料，做出正确判断，就可以总结出永恒的规律。他这样对待历史，是不注重人的。另一位是德国的兰克（Leopold von Ranke），他注重活生生的人，而不讲历史的规律。历史上杰出人物的事迹只要被写出来，就是真实的。历史主义后来有了新的发展，提出历史应该被放在一定的历史条件下来看。德国的梅尼克（Friedrich Meinecke）写了《历史主义的兴起》，分析了近代西方思想史上各个流派的观点。我们要问的问题是：历史主义是不是相对主义？历史的真是不是相对的真？美国著名史学家俾尔德（Charles Beard）反对兰克的历史真实论，认为历史真实只是相对的，不可能达到绝对真实。客观上，历史记录下来的东西就有限，记录下而且流传下来的更有限，经过这两层淘汰，我们就不可能真正把握历史真实了。主观上，历史学家的观念和信仰也是一个求真的障碍。他的名言是：著史是信仰的活动。可见，历史相对论的问题相当复杂，牵扯到主观和客观的问题：主观到底能否反映客观？还有，既然我们只能相对地接触真实历史，你的相对性与我的相对性，哪个更接近历史真实呢？

这些问题，在古代希腊和罗马是没有的，是基督教兴起以后才有的。基督教认为：历史有起点，上帝创造世界；如果上帝创造世界以后，人类还没觉醒的话，耶稣基督降生，为人类牺牲，人类开始觉醒了。雅斯贝尔斯的"轴心文明"理论讲的是，基督教的产生，标志着人类经历一个历史的所谓"轴心"的大转变。历史既然有起点，就有终点。雅斯贝尔斯写《论历史的起源与目标》，书名就反映出这个观念。这观念可以产生两种思想。从进步的角度看，起点和终点之间，离开起点越远越好，离目标越来越近越好。倒过来看，离起点越近越正统，越远越脱离正统。相对主义总的倾向就是这两种。以上看法是我读书的感受。

兰克认为，写历史，材料一定要真实，是什么样就是什么样（as it is）。他是近代西方史学的宗师，不讲总结历史规律，是历史主义之师。孔德受到自然科学的影响，相信历史有规律，提出社会动力学、社会静力学，是社会学鼻祖。两位都相信历史可以达到真实，达到真理。到了社会这一层次，人就不见了。孔德这一派，发展出结构主义。新康德主义就是针对他们提出来的，尤其针对孔德。新康德主义指出，孔德的是自然科学，他们的是人文科学。文德尔班（Wilhelm Windelband）和李凯尔特（Heinrich Rickert）声称：我们讲的是文化科学。狄尔泰（Wilhelm Dilthey）早期属于新康德主义，他提出"精神科学"概念，主张历史是精神科学。新康德主义重视历史中的人，是叙事的，重点在特殊，不在一般，有价值判断。自然科学重点在一般，没有价值判断，运用的是逻辑的方法。要理解人，必须要依靠"体验"（Leben）。有体验，就有理解，有理解就可以形成自己的解释。研究历史，就是理解过去发生的事，然后做出解释。

我赞成雅斯贝尔斯的观点：中国、西方、印度三个轴心文明之间必须再经过一次自我否定，进行更多的相互交流，取长补短。近代以来，中国向西方学习了很多东西，包括马克思哲学。三个文明相互学习，前景就会好些。

谈历史理性与逻辑理性

为什么中国历史理性可以支配其他理性？西方的逻辑理性占主导地位？

中西思维方式这个问题我已经考虑多年，1999年在新加坡讲学的时候就在考虑了。2010年在上海开会，并且去看世博会，我对世博会没有兴趣，在学术会上讲了中西思维的问题，没有引起人们的关注。这个问题，大家如果听听就过去而不做思考，就没什么意义。

理性，有一定的规则，能说出个道理来，是合理的。基督教认为，物种是上帝创造的，是永恒不变的；而达尔文的进化论则是变化的，也是历史的。

西方各类理性中，以逻辑理性为主导，其压制了历史理性；中国虽然没有逻辑理性（逻辑学法则），但也有一定的逻辑思想，但是，中国是历史理性占支配地位。西方早期没有历史理性，到了后来才有了历史理性，但他们的历史理性从分析中来；中国的历史理性是从经验中以归纳的方法获得的，在变中发现常。中国的历史理性看待常是离不开变的，即常与变的统一。这两类历史理性对人类都有贡献，缺一不可。

中国的历史理性虽然不违背逻辑，但没有发展出逻辑学。历史理性越发达，就越不易发展出逻辑理性，越不易产生抽象的、超越时空的、非历史性的思维。

西方认为中国没有理性，也就没有哲学。其实，理性有结构，有不同的理性，不仅仅是逻辑理性。逻辑理性就是纯粹理性，另外还有道德理性、历史理性、自然理性、审美理性，等等。亚里士多德认为，伦理学（道德理性）是实践理性。这不是从逻辑而来，而是从风俗而来。伦理学ethics的希腊语词根是character，道德moral的拉丁文词根是mos，英文的custom，即风俗。康德也讲纯粹理性和实践理性。理性是多重的，中西理性的重点则不同：西方重视逻辑理性，中国偏重历史理性。

逻辑理性认为：即使你举出一千个经验的例子也无效，等于白说；而用逻辑推导，很容易得出结论，而且推导的过程让你找不出漏洞。所以逻辑理性根本上排斥经验的东西。逻辑理性不能在大前提上出错，大前提主要是公理，是自明的、无须证明就成立的。几何学原理就是公理，"A大于B，B大于C，A就大于C"和"两点之间直线最短"这样的公理，是不需要经验证明的。

逻辑理性的特点是铁板钉钉，是就是，不是就不是，是排中的；历史理性则不是这样的情况。海德格尔的《形而上学导论》解释了两个词，一个是"是/在"（being），另一个是"生成"，有物理学"自然"（physics）的意思。海德格尔引用了多种文字的"生成"，包括梵文的。"生成"这个词也有"是"的意思。表示"生"之意义的"是"就是中国《易传》"天地之大德曰生"的思想。伽达默尔是海德格尔的学生，受到后者的影响。伽达默尔讲的实际上是后一种"是"，"是"的本体意义就在解释的过程中，就在"生成"中。可以说，"是"有两种：逻辑的"是"、历史的"是"。逻辑的"是"考察究竟是什么的问题，一旦定下就不能改变；历史的"是"考察常与变的关系。这就是逻辑理性与历史理性的差异。搞逻辑理性的人，从古到今，对历史不断地产生怀疑。

思维方式上，西方的方法是分析的，是演绎的。中国的是综合的、归纳的，综合到极端，就出现了"关联性思维"。这个词是西方汉学家创造的，特指中国古代的思维方式，这种方式将万物和人或分别归于阴阳两大类，或归于金木水火土五大类，或归于八卦的八个类，属于同一个类的事物和人有相互的关联。本质上属于归纳法。穆勒（John Mill）提出"归纳五法"：契合法、差异法、契合差异共用法、共变法、剩余法。中国的归纳不讲这些规矩，走上关联性思维的道路。这是我们的"病"。西方的"病"是中世纪经院哲学，但从中国的明代开始，西方科学和哲学开始飞跃发展。培根相当于中国明代后期的人，笛卡尔、斯宾诺莎相当于明末清初的人，牛顿、莱布尼兹相当于清初的人，可见中国落后了。我们必须学习西方的逻辑学，这是非常重要的。

关联性思维为什么会产生，而且如同滚雪球越滚越大？这不是偶然的，肯定有其实用性。它是一种理论的假设，具有丰富的联想力。这种联想力最初无疑是一个很新的创造，而且在实践过程中，很有用处。关联性思维给中医理论提供了框架，否则中医连个理论都没有，只是一些具体的药方。

《道德经》讲"道生一，一生二，二生三，三生万物"，中国人将"二"解释为阴阳两种东西，"二"就不再是数字概念了。古希腊人的逻辑是这样的：以你为例，陈宁是，这就是一；陈宁是学者，陈宁分享了"学者"的概念，陈宁就变成了二。作为是的陈宁和作为学者的陈宁同时存在，陈宁就是两个了。"是"和"是学者"都是在讲陈宁，因此就产生了三个概念："是""是学者""陈宁"。换句话说，一个大一，分为两个小一，加起来就是三。这样的逻辑始终是数字的概念。

我的一位朋友的孩子在欧洲读书，前几天问我如何回答休谟的一个问题。休谟曾经问：明天太阳是否仍旧会出来？我回答：休谟和康德是西方哲学史上两位持不可知论观点的人。休谟的问题是针对逻辑上的归纳法提出的。归纳法是在观察到众多的相同现象之后，总结出一个普遍性的结论。人们观察到太阳过去每天都出来，但明天仍然出来是不能完全保证的。归纳法是无法百分之一百地保证的，只是有一个概率。因此，人们不能完全依靠经验性的归纳。

宗教有两个方面。一方面，宗教本身不是逻辑理性的，从康德的观点看，宗教是超越的，无法被证明，也无法被证伪。另一方面，基督教和其他一些宗教都是讲道德理性的，但是牵扯到其他宗教时，表现出强烈的排他性。

史学在中国是与经学联系在一起的。经世致用，"经"讲的是常道，缺乏变，常道如何能够致用呢？经学与史学结合在一起，就能够达到常与变的统一。在希腊，史学沦为第三等学问。亚里士多德的《诗学》声称，第一等的是哲学，第二等是诗学，第三才是史学。从另一方面看，凡是与人的创造有关的，都是历史的，经学也是历史的。如前所述，黑格尔认为，所有的哲学和逻辑学都是历史的。

《易传·乾卦》："水流湿，火就燥，云从龙，风从虎，圣人作而万物睹。"这表明，古人的归类完全是经验性的，体现为"物以类聚"，或者同性相吸现象。清末民国象数易学家尚秉和的《周易尚氏学》，研究汉朝人对《易》的解释。尚秉和的老师、清代学者吴汝纶接受了西方科学知识，尤其是电学知识，他在汉代的《焦氏易林》的辑书中发现了同性相斥的现象，具体表现在"革"卦之中。其辞是"二女同居，其志不相得"。"革"卦的卦象是"离"下"兑"上，象征中女在下，小女在上。理应是中女在上，小女在下，卦象正相反，所以说"其志不相得"。也就是说，中国古人既有同性相吸，也有同性相斥的认识。

数学无疑是逻辑的，但也是历史的，随历史而发展变化。希腊的毕达哥拉斯学派发现无理数，但无理数被排斥在有理数之外，因为二者之间不可通约。但是，无理数源于有理数，也可以回归有理数。比如，等边直角三角形中，直角的两个边长都是1的条件下，斜边长是$\sqrt{2}$，$\sqrt{2}$是无理数，这个无理数是从有理数推出来的。$\sqrt{2}$乘以$\sqrt{2}$等于2，这样，无理数又回到了有理数。推算的过程是历史的过程：起初有理数和无理数不能通约，但十六世纪发现虚数以后，有理数和无理数都成为实数，属于同一类，有了共同点，所以二者可以通约了。虚数是从实数演算得出来的，也可以算回去。虚数可以和实数一起演算，变为复数。人类通过数学的发展史认识到，不可通约的后来变为可以通约的了。

逻辑学是发展的，所以是历史的。金岳霖1926年创立清华大学哲学系时，他的学生沈有鼎对逻辑学感兴趣，后来赴美留学，攻读数理逻辑学。金先生要买歌德尔（Kurt Godel）的书，沈直言道："金先生，老实说，您看不懂。"

所有的零的概念不等于纯粹的零，它的绝对值不是零。零是既正又负,非正非负,概念复杂而丰富。是正又是负,不是正也不是负,这就是辩证法的概念。

牟宗三先生曾经举例说明抽象的一层层过程。他说:"一有抽象,便有舍象。"大意是每抽象一次,就会抽出共同的东西而舍去特殊的东西。如玻璃杯、瓷杯、竹筒杯、纸杯等,可以抽象为"杯子",抽出共同的相,舍去玻璃、瓷、竹、纸等特殊的相。下一步,杯和碗可以抽象为餐具,餐具与机器抽象为工具,工具……(省略再以后的抽象),再下一步,非人类的东西与人类可以抽象为物质。最后一步,物质与精神可以抽象为"存在/是"(being),到了这一层就是最高的抽象,不能再往下抽象了。"存在/是"的观念就是这样从一层一层的分类中产生出来的。巴门尼德和柏拉图等古希腊哲人就是在"存在/是"这一最高层次的抽象上展开思辨讨论的。

有逻辑的联想能力是积极的、有意义的,科学必须要有逻辑,要有想象力。一个理论在实践之中,有两种情况出现。一种是努力去证实(verify)假想的理论,另一种是去证伪(falsify)它。人类实际上是这两种方法并用,有的时期偏重证实,有的时期偏重证伪。库恩说,科学史上,一个"范式"(paradigm)建立时,解决了先前无法解决的问题,其正确性被证实。但是,随着研究的深入,人们发现这个范式对深一层的问题无法解释。开始,人们认为是例外,仍旧维护这个范式理论,但是当越来越多的例子是证伪的，人们才决定放弃这个范式，从而得以建立一个全新的范式。前后两个范式之间是决裂的、没有关系的。库恩的范式理论为科学史的研究提供了新的视角，其影响力超出科学史的领域，蔓延到其他的人文学科。我对库恩的观点有一个不同意见，从黑格尔的理论出发，新旧两个范式之间是有必然联系的，传承与创新之间不可能没有联系。回到关联性思维，这种思维也是一种创造性联想，作为一种尝试，它是有意义的。但是，经过一段时间以后，或者超出一定的解释范围后，你仍然固守它，并且将其理论继续发展扩大，就走进死胡同。这就像一个大箩筐，什么东西都往里塞，塞到最后没有余地时，箩筐就会被撑破。

西方的逻辑理性从不变中求常，从无矛盾中求常。变是存在，依据黑格尔，绝对的有就是绝对的无，有就变了。逻辑理性追求永恒的真理，依靠分析的方法，自身演绎。比如，几何学用几条公理的自我展开，演绎出定理，形成整个系统。靠六个基本函数（正弦、余弦、正切、余切、正割、余割），就可以研究整个三角学。科林伍德指出，希腊史学从神话中出来，形成人文主义，但很快陷入实质主义，实质主义是非历史主义的。我们发展科林伍德的观点，可以说中国史学的特点是人文性、历史性，不是实质主义的。

历史是变化的。昨天是，今天也许就不是了；今天是，明天也许又不是了。要想把握一切，对象必须永远是，必须超越时间，变成永恒的。"是"又必须是无限的，超越空间。巴门尼德的"是"（being）过去是，现在是，将来还是，在任何地方都是。比如，A大于B，B大于C，A就大于C，永远如此。这是从几何学上讲道理，所以柏拉图说过：不学几何学的人不能到我们这儿来。

西方人从何时开始认为历史有理性？罗马时期的李维（Livius）写的《罗马史》，贯穿前后七百年，看起来是通史，但黑格尔在其《历史哲学》中指出，李维的书不具有历史精神，把七百年写成一个样，最多是罗马人道德败坏的过程而已。西方古代产生了历史没有规律的看法。这一现象是从何时结束的？说起来是一个悖论。基督教的兴起带来了新的观念。《旧约》讲上帝创造世界，讲亚当、夏娃被赶出伊甸园，讲耶稣诞生，其中，耶稣的诞生标识了"轴心文明"的开始。自此人醒悟过来，原来上帝牺牲自己的儿子，让他在十字架上被钉死是为了替人类赎罪。耶稣死后升天，但将会回来，进行最后的审判，善人上天堂，恶人入地狱。这一教义产生出一种历史是有阶段性的和进步的观念：有创世，就有末日；有开始，就有终结。越靠近后来，离目标越近的时候，就越进步。这种观念是希腊、罗马没有的。希腊史学与前代《荷马史诗》最大的不同在于，前者是关于人的而后者是关于神的，所以希腊史学是人本的，但没有注重变化。当时的史学叫作history，而更早的叫作chronicle，翻译为"编年史"，都缺乏进步的观念。有一点要注意：基督教的进步观念不是进化论，基督教的进步是指朝向基督再次来到世界的方向发展，离起点远一步，离终点近一步。基督教是反对进化论的。

有了进步的观念，就有了历史有规则的观念，但这个规则不是人的规则，而是上帝的规则。从希腊历史的人文主义，到基督教对神的信仰，再到文艺复兴时代和宗教改革时代的人文主义的再次兴起，这就是否定之否定的过程。

西方真正的历史哲学从十七世纪末十八世纪初意大利的维科（Giambattista Vico）开始。他的历史观体现了进步论思想。他将历史分为三个阶段——神祇时代、英雄时代、人类时代，并认为这些阶段是循环的，因此，历史可归结为文明的兴盛与衰落。他认为，对于自然界，人类只能知道当然，而不知所以然。人类可以发现自然界的某些物质，并对其加以改造和利用，但为什么会是这样，则无法得知，因为自然界是上帝创造的，只有上帝知道。对于人类世界，人们可以获得充分的认识，因为这个世界是人类创造的。

西方哲学中，有逻辑的真理，有事实的真理。维科认为，真理（verem）和事实（factum）是一致的，二者可以相互转化。事实与人的参与有关，比如，英文的"事实"是fact，与"做"也是相关的，如facture（制作）、manufacture（制造）、factory（工厂）。希腊人认为历史没有立足点，而维科强调，历史是有立足点的，因为历史是人"做"的，是真实的。维科观点的重要性在于：历史不再是神"做"的。

维科代表的是思辨的历史哲学，询问的问题是：历史为什么是可能的？可能到什么程度？历史的真实能够被追求到什么程度？这将本体论（ontology）和认识论（epistemology）结合在一起。

历史就是有、无的交替和延续。有会变为无，无会变为有。到了康德，有了历史发展的观念。整个历史是上帝安排的。这是思辨的历史，其发展体现在人的个人性与社会性之间的矛盾，有一个从低级向高级展开的过程，依据的是神的意志（providence）。黑格尔的《逻辑学》讲的是观念是如何发展的。哲学从什么时候开始？哲学的起点是being，即是、有、存在。这是不能动的，有很快转变为无。西方人重视逻辑理性，从逻辑理性中推出历史理性。这样的历史理性，是从概念推演出来的，不是从变化中掌握到的恒常，与时间、空间没关系。也就是说，西方的历史理性侧重的不是人的历史，而是概念的历史。因此，西方的历史理性仍然不是真正的历史理性。

希腊的自然哲学，也提出类似中国"五行"的看法，即水、火、土、风四大元素。作为世界的本源，这些元素有单独起作用的，也有两个结合在一起起作用的，但都没有很有说服力地解释世界现象。每一种理论都不能取得占统治地位的信服力，因此，到了巴门尼德，他全部抛弃这些理论，另辟蹊径，开创了抽象思维的方式。中国五行相生相克理论是将共时性的东西变为历时性的、循环性的、历史性的，而且为政治服务；而希腊则将四种本原的东西保持在共时性范围内。我们也许可以说，这与希腊没有历史知识有关，也与巴门尼德个人阻止了四大元素历时性理论的形成有关。

早期的西方史学缺乏历史理性。科林伍德分析得很准确，他认为，希腊到了希罗多德、修昔底德时期，史学发达，将宗教的东西变为人文的，提倡人的精神、人的活动，而不再是神的。但是，西方的史学是"实质主义的"（substantial），是不变的，史学家所观察的就是当时这一段，当时的事由当时的人见证，我们可以用中国"公羊学"的语词来说，就是"所见世"。罗马时期的塔西佗写了两本书，先写的是《历史》，记录他经历过的"所见世"，然后写《编年史》，即他之前几十年的历史，也就是"公羊学"所说的"所闻世"。请注意，西方的"编年史"（chronicle）的概念与我们史学史所讲的按年代编写历史是不一样的。克罗齐说"一切历史都是当代史"，除当代史以外，过去的历史都是编年史，因为当时参与历史事件的人已经不在了，精神也不存在了。现在的人只能以现在的精神去理解当时。西方古代史学只是寻找胜负的原因，不找前后的原因。

对科林伍德的分析，我们可以补充两条。第一，中国也有神话和史诗，比如《诗经》里的"雅""颂"部分，但中国的历史主要是人文主义的。第二，中国的历史从开始就是历史主义的、反实质主义的。西方的实质主义走的是逻辑理性的道路，所以历史也成为逻辑理性的奴婢。人类历史就像舞台上的演员，其面目受到舞台灯光的影响。西方历史舞台受到的是逻辑理性的强光照射，中国则是历史理性的灯光为主导。

中国的史学到十八世纪落后了。章学诚代表了中国史学的没落——没有任何突破，没有出路。现在我们首先要继承传统，其次要睁眼看世界。

中国历史理性占主导地位的原因是，哲学家们离不开传统。中国最初的历史理性是与道德理性结合在一起的，如周公的言论，但到战国时被五行理论取代了。五行相生相克的理论从汉到隋，一直成为政治哲学的核心，因为关系到政权正统与否的问题。

古希腊的"logos"有两个重要的意思，一个是理由、理性，一个是说。《老子》的"道可道，非常道"的"道"也包含了道理和叙说两层意思。

西方的三个思想律——同一律、矛盾律、排中律，用判断句表示就是：你是你（同一律）；你是人，你不是人（矛盾律）；你不能是人也不是人（排中律）。中国人会认为这三个定律是"脱裤子放屁"，是脱了三次裤子才放完一个屁。

我摸索了一辈子，感觉到西方的"理论"（theory）与中国"义理"之间的差别，但具体内容，我仍然在苦苦地探索。在写文章时，引用西方哲学的理论时，往往不能使中国读者理解，因为中国传统习惯于具体的、讲事实摆道理的方法。"理论"与"义理"，两个词的概念是不同的。"理论"在《韦氏字典》(*Webster's Ninth New Collegiate Dictionary*)前三条的解释为：

1. "the analysis of a set of facts in their relation to one another"，对某个系列中彼此相关的事实的分析。

2. "abstract thought: speculation"，抽象思维：思辨。

3. "the general or abstract principles of a body of fact, a science, or an art"，从一组事实、某种科学，或某类艺术所获得的一般性的或抽象性的原则。

第1条解释是说对一个类之中各个部分间的有机关系进行分析。第2条的"思辨"就是逻辑分析的思考（比如，用几何学证明的方法）。第3条强调的是一般性或抽象性的原则。总之，西方"理论"的概念是强调抽象的，有抽象，就有演绎和分析，有分析，就能把握一个整体中各个部分的关系。

而中国的义理之说，重在伦理，这从孔子已经开始了。《孟子·离娄下》："王者之迹熄而《诗》亡，《诗》亡然后《春秋》作。晋之《乘》、楚之《梼杌》、鲁之《春秋》，一也。其事则齐桓、晋文，其文则史。孔子曰：'其义则丘窃取之矣。'"孔子所说的"其义"就是义理的意思。《史记·太史公自序》引孔子的话："我欲载之空言，不如见之于行事之深切著明也。夫《春秋》上明三王之道，下辨人事之纪，别嫌疑，明是非，定犹豫，善善恶恶，贤贤贱不肖，存亡国，继绝世，补敝起废，王道之大者也。"孔子这段话就是义理的内容。《汉书·楚元王传》记载，刘歆之前，《左传》不算经书，治《左传》的学者只是针对《左传》的"古字古言"做些解释而已，而刘歆用《左传》解释《春秋经》，又用《春秋经》解释《左传》，"由是章句义理备焉"。这里用的"义理"的含义与孔子的相同。中国宋朝兴起的理学或者道学，就是义理之学。《四库全书总目·经部总叙》讲了不同时代的经学，认为"经学"是古今之说而已，"经"是不能动的，"经学"是对经的解说，并提出"学凡六变"的看法。清代桐城学派的姚鼐认为，学问有三种：义理、考据、辞章。中国的东西，都是用义理来解释的。义理是摆事实讲道理，理和事不分，没有经过抽象，所谓"道不离器"。程颐明确指出，读书要明其义理，他说："穷理亦多端，或读书讲明义理，或论古今人物别其是非，或应事接物而处其当，皆穷理也。"

与西方的"理论"一词的定义比较，中国人讲义理，全是就事而论，没有进行抽象，没有舍象，都是具体的。孔子讲"仁"，不设定义，你如果问他为什么不给定义，他也许会回答："我因材施教。"不同的学生所理解的仁的内容不同，他缺什么，孔子就给他讲什么，都是具体的。有学生问孔子仁，孔子说，"仁者，先难而后获"（所以后来很多人取名叫"难先"）。可想而知，这个学生比较懒，想走捷径，孔子的回答强调仁之难，没有捷径可走。不给定义，有很强的致用性，一旦抽象，就不利于致用了。中国的史学也讲义理，就是为了致用。《春秋》有褒贬，应该是什么样，不应是什么样,要指出来,这就是为了致用。司马迁说:"《春秋》者,礼义之大宗也。"这就是《春秋》的本意——设立标准。

《公羊传》就是讲义理的,公羊学有两个大功臣:董仲舒和何休。董仲舒的贡献是"通三统",夏商周本来是三个并列存在的国,谁强大谁当头儿,董仲舒把夏商周变成先后的三个朝代。何休的贡献是"张三世",比董仲舒的通三统更荒唐。孔子认为,春秋以来政治越来越糟糕,所谓"天下有道,则礼乐征伐自天子出;天下无道,则礼乐征伐自诸侯出"。何休认为,春秋分三个阶段——乱世、升平世、太平世,由乱到治,"世愈乱文愈治"。

现在中国人提及的"理论"一词,其定义不知是中国的,还是西方的。有一次开史学理论的会议,组委会没有邀请一些研究中国史的学者,后者有些怨词,组委会的人对我讲:"他们不了解西方理论,他们的史学理论不是真正的史学理论。"另一方面,搞西方史学理论的学者,对中国历史又不熟悉,所以二者不能有很好的结合。

我不是专门的史学理论研究者,我更多的是做具体研究的历史工作者。我涉足史学理论,是因为我在研究中遇到理论的问题,我相信很多中国的历史学者也遇到了同样的问题。在西方,历史哲学是哲学家在搞,而中国的历史哲学是史学家在搞,所以两边对不上话,接不上头。我的全部努力就是打通两边。

维科说历史是人为的，世界是上帝创造的。中文"为"的本义是人手牵象，意思是人之为。"为"就有真的意思，不是假的。人们从来认为自然的就是真的，人为的、人造的就是假的。古书中"情伪"一词中，"情"字读作"诚"（"情""诚"音近义同），"情伪"即真伪，伪就是假的。孟子持性善论，认为人天生就有成为尧舜的资质，只要保留善的天性即可。荀子正相反，《性恶篇》指出，人性恶，"其善者，伪也"。这里的"伪"是人为的意思。人有道德观，能够判断是非，在行为上就可以人为地去掉坏的，学习好的。荀子认为，人必须去掉天生的、自然的恶性，才能成为善人。荀子肯定人工的"伪"，坚持人力胜天，《天论篇》曰："从天而颂之，孰与制天命而用之？"人为，一方面要改造自己，一方面要改造自然。《老子》的"无为"是从人的主观方面上讲；"无以为"指人做事没有任何目的，与"生而不有，为而不恃，长而不宰，是谓玄德"同。

西方的数学是分析的，由公理推到定理。中国的数学是机械的，依靠术和例。老师先教你术，介绍解题方法，然后给你举例子帮你理解，到现在我们的数学教育仍然是用这方法。

中国数学的方法是归纳法，正确与否是有概率的。西方由于几何学的出现，产生了公理的推导方法。其可以完全离开事实。只要前提正确，论证方法正确，结论绝对正确，不存在概率问题。

中国的五行，是"象数"，不是希腊人建立的形而上学。中国人从经验上观察事物，但不知道李约瑟所说的"滴定"（titration）。这是化学名词，指一种分析溶液成分的方法。中国人不知道金木水火土的物质成分，当然也没有分析化学成分的技术。西方的滴定法也是后来才发展出来的，但这一科学思维的种子在古代已经种下。

"滴定"一词，来自法文，最初是指给金币做检测，定出黄金的成分所占的比例。到了十八世纪，才发展出现在化学中的定义。人们始知物质都是由多种化学成分合在一起的。利用滴定，就可以测出溶液中的化学成分各占多少。石油也不能开采出来就使用，要经过滴定，分解出各类成分，才便于使用。

中国人不喜欢柏拉图的"对话"，啰里啰嗦，反反复复，读起来很别扭。中国人喜欢《金刚经》这样的书，所挑选的都是最精练的佛经段落。柏拉图的《理想国》讲了很多故事，很杂乱，而亚里士多德的东西就清楚多了，一步一步地推论，也不写"对话"了，直接表达其观点。先秦诸子中，《孟子》也还有对话，《荀子》则直接写出来，《韩非子》也是直接写。

中国人"学以致用"的观念太强，一旦感觉到什么东西没有用，就慌了手脚。"活学活用"的思想不是最近几十年才提出的，这是传统思想。史学受到重视，就是因为可以致用。毕达哥拉斯那么早就发现无理数，惊恐万分，因为与他的思想架构不符合，故严禁传播无理数。他研究数学不是为了经世致用，而是为了建立一套解释世界的理论。他当时不知道，无理数在后来的数学上有极其重要的作用。

西方的四大要素（地火水气）之间的关系是并列的，而中国的五行由于相生相克的关系变为循环的、历史的。相克的历史观表现为武装革命，相生的表现为禅让或篡权，可见，学术的目的都是政治。司马谈评论先秦诸子："夫阴阳、儒、墨、名、法、道德，此务为治者也。"中国人从周公开始就把道德理性直接与政治结合在一起了。这种结合有好处也有坏处。

逻辑理性与历史理性，前者以推理为主，后者以感性为主。单靠逻辑，没有经验，是不行的；单靠经验，没有逻辑，也不行。英国从培根开始，二者结合，出现了工业革命。中国重视经验的东西，这也是重要的。我们应该寻找一条中西会通之路，为中华文化做点贡献。

我从不读用《易经》来算命的书，因为我排斥没有逻辑的预言。民间有一个故事反映算命的模棱两可的性质。有三个人参加科考，先去庙里求梦神，之后三人都做了梦，而且是同样的梦。梦见两扇庙门，开一扇关一扇，关着的那扇门上写着"金马玉堂三学士"。三人非常高兴地去考试，结果只有一人考中了。三人又去问梦神，三人又做了一个同样的梦，梦见另一扇门上写着"清风明月二闲人"，意思是只有一人中榜。

中国与西方的思维不同，关键在于理性结构的不同：中国是历史理性占支配地位，西方是以逻辑理性为主导。当然，如果中华文明与古罗马帝国地理位置相邻，这方面的差异恐怕就不存在了。逻辑理性走的是分析的路，发展出定量的分析和定性的分析。中国目前的科学发展是很快，但是思维方式仍然是一个障碍，在科学上，我们必须依靠逻辑理性。拖泥带水的思维是不利于学逻辑的。

希腊哲人巴门尼德的"存在/是"理论，用的是二分法：存在与非存在，即being与non-being。所有的知识都是being，而非存在（non-being）就是没有知识。存在/是的三个特征：第一是抽象，最高的普遍性；第二是超越时间，过去是，现在是，将来仍是；第三是超越空间，在中国是，在美国是，在任何地方都是。这些就不是历史的，只能是逻辑理性。到了柏拉图，情况就发生了变化。柏拉图认为，对于不存在的，我们没有知识，对既存在又不存在的，我们有"意见"（doxa）。所以，柏拉图没有完全否定经验，给经验留下一点余地，认为有的意见是有价值的，正确的意见是有用的。

二分法与归谬法有关，以矛盾律和排中律为基础，是辩论中的有力武器。辩论中，你不是说你的命题是对的吗？我先承认你是对的，然后从你的命题往下推，将一个与之矛盾的命题证明是真的，你的命题就是假的。

中国人学逻辑，也有传统上的障碍。同一律的公式是"A是A"，这个判断，在中国人看来，是废话。"A是A"，这难道还要说吗？亚里士多德认为，S是S，比S是P更重要。"S是S"表明，S首先是存在。笛卡尔的"我在"，就是"A是A"的判断，"我思"是另一个判断。"我在"即"我是我"，就是"A是A"，是永恒的，"我思"是暂时的，睡觉时就不思了，一天至少有八小时不思。

《老子》的思想不同于西方逻辑理性的"在场形而上学"（metaphysics of presence），而是在场和不在场兼有。《老子》讲"不可道"的时候，"可道"的"道"是存在的，就是"理"。"不可道"的原因是，"道"包括了正负两个方面。韩非举例说，水是好是坏，视具体情况而定。没有水喝，人会渴死；水太多，会淹死人。《老子》也注重社会，注重人生。《老子》的"道"兼有无，比如，"有无相生"。"三十辐共一毂，当其无，有车之用。埏埴以为器，当其无，有器之用。凿户牖以为室，当其无，有室之用。故有之以为利，无之以为用。"一段话明确体现无的作用、在场与不在场结合。

我过去认为《老子》是没有历史观的，因为《老子》在先秦诸子中最不涉及历史，几乎不讲历史故事，但是，我又反复阅读，尤其是第三十八章，又参考了王弼的注、朱谦之的考证，同时我也做了一些考证，发现我过去的看法是错误的。《老子》的由"道"而"德"，体现了历史观："失道而后德，失德而后仁，失仁而后义，失义而后礼。"这是《老子》的历史理性，也是倒退的观念。怎样才能避免倒退呢?《老子》的回答没有什么价值，但在战国时期，作者能够看到历史的倒退，这就有一定的价值。《老子》有很重的功利思想，比如，"天之道，损有余而补不足。人之道则不然，损不足以奉有余"。这是非常睿智的思想。后来《水浒传》的"替天行道"、"损有余而补不足"、劫富济贫，就是《老子》思想的体现。

我写的有关《老子》的文章说明，《老子》的思考，从理性思维开始，但马上就发展为历史的思考，真正的逻辑理性没有发展下去，后来韩非对老子的解释，也没有走逻辑理性的道路，而是历史理性的道路。

逻辑理性在永恒中求真理，历史理性在运动中求真理。运动中何以能够求得真理？因为运动是常与变的统一，常中有变，变中有常，无常就无理性可言，真正的历史就是常与变的统一。这是逻辑理性和历史理性概念上的根本区别。人怎么能不是历史的呢？人总是有生有死，不可能像上帝一样是永恒的。逻辑理性和历史理性相互排斥。逻辑理性从抽象开始，一抽象就超越时间、超越空间，历史就被甩出来了。历史就在时间、空间中。

史学在中国是与经学联系在一起的。经世致用，经讲的是常道，缺乏变，常道如何能够致用呢？经学与史学结合在一起，就能够达到常与变的统一。在希腊，史学沦为第三等学问。亚里士多德的《诗学》声称，第一等的是哲学，第二等的是诗学，第三等的才是史学。从另一方面看，凡是与人的创造有关的，都是历史的。黑格尔说，所有的哲学都是哲学史，都是历史的。同理，逻辑是人创造的，也是历史的，因为逻辑不是一成不变的，是在发展变化中的，所以有逻辑史。再者，史学也离不开逻辑，材料的取舍和甄别等，都要经过逻辑的推理。总之，逻辑理性和历史理性又是相互联系的。逻辑理性直接影响到自然科学，历史理性影响到人文学科。而自然科学本身也是历史的。

不管是逻辑理性占主导地位，还是历史理性占主导，都会影响道德理性，即伦理学。这是两种认识方法。伦理学不是逻辑理性的，就是历史理性的。苏格拉底提出"知识说"，主张知识即美德，认为伦理是逻辑的。亚里士多德提出"风俗说"，认为伦理是由风俗决定的，而风俗是变的，所以是历史的。不同的民族，不同的时期，伦理道德是不同的。"男女授受不亲，礼也"，这是中国古代的道德规范。而西方跳交际舞，则没有这条约束，否则无法跳。中国到了二十世纪，也流行跳交际舞了。

古代文明的逻辑大概有三种：希腊的推理、中国的实证、印度的因明学。希腊的用三段式逻辑推理来证明。中国的用具体例子来证明。因明学介于二者之间。因明学有五支：宗、因、喻、合、结。喻：比喻，举例子，将不在场的拿出来讲。

中西的演绎不同。西方的演绎强调定义、判断/命题、推理。定义与定义的结合是判断/命题，命题与命题的结合是推理。《道德经》的"三十辐共一毂"，没有发展出公理。

几何学的特点是必须有定义，如点、线、面、圆，等等。圆的定义，《墨子》给的是"圆一中同长"，即从圆周任何一点到中心，半径都一样。西方几何学中圆的定义是，一个定点，一个动点，动点围绕定点保持同样的距离运动。这个定义和《墨子》的实际是一致的。

西方思维走上抽象的道路，一抽象，就超越时间、空间。抽象时舍去的具体的东西就不在场，留下的是在场的，这种在场是一种抽象的在场，是永恒在场，所以叫作"在场形而上学"。抽象的方法是为了舍去现象，探究本质。只有通过不断地抽象，不断地进行定义，不断排除在场的，数学和其他科学才能够发展出来。在场形而上学对人生没有什么用，简单的逻辑学对人生还是有用的，数理逻辑的高层次，对人生就没什么用了。科学方面的数码技术对人生的影响很大，从照相机到电脑，都是革命性的。二十世纪的存在主义哲学流派就批评在场形而上学,海德格尔追求的存在,不是在场形而上学的存在,而是活生生的人的存在。存在主义者认为,在场形而上学否定了存在主义所追求的"存在"(existence),即人的存在。比如,你我现在坐在一起对话,我们都在场,你我各自的背景都不在场,我们几十年的关系好像都不在场了。其实,从历史的角度看,过去在场的,现在不在场了,但它仍然存在着,影响了今天在场的东西。我们几十年的关系仍然影响我们的现在,如果我没有几十年来对你的了解,我也不会和你这样地深谈。一切的在场,都是不在场的结果。在场形而上学否定了不在场的作用,也就否定了历史。

历史理性与逻辑理性有相冲突的地方,但又不是相互分离的。历史理性,就其基本的东西来讲,是人的理性的一个方面,人本身也有逻辑理性,否则人与人不能交流。逻辑理性的特点是可以进行逻辑演绎,一旦到了逻辑演绎,它就脱离了时间,超出历史理性范围了。

逻辑理性必须要有逻辑学,逻辑学就必须要有定理。我小时候学数学,对规则的公理性非常好奇和惊讶,因为它们完全脱离经验就可以运算。于是,写了一首打油诗:

甲之零次方,竟然等于一。何故不为零?其中有奥秘。
乘零积为零,乘积无关幂。乘除幂加减,此律非彼律。

逻辑学和数学是抽象的，而历史是经验的，我的逻辑和数学不好，当不了哲学家，所以挑选历史为专业。我的思想是空白的，但我的好奇心非常强，学习时容易排空自己，摈除杂念。我学的微积分，差不多都忘了，但有一点仍然记得：数学上不可能达到绝对的精确。由于不可公约的无理数，小数点以后可以有无限的数。微积分中有个趋近的概念，指可以用导数求方程式，把常数项去掉，结果是不绝对精确的，但可以精确到人们操作所要求的精确程度，小数点以后多少位都可以。

谈西方哲学

早期的希腊语中,"being"一词就含有两种意思:"是"与"存在"。前者是系动词,经常使用;后者为一般动词,偶尔使用。巴门尼德充分发挥这个词的双重意义,由此建立起他的哲学体系。他认为:"存在/是"不仅指感官接触到的东西,也可以包括思维本身;这个词是最普遍的范畴,涵盖所有具体的和抽象的事物,是最高的范畴。这一范畴是对概念进行不断抽象的结果。古希腊哲人抽出"是",对人类思想做出了巨大的贡献。但是,这样一来,问题出现了。"是"没有变化,没有运动,而一切运动都是从一个空间到另一个空间,从一个时间到另一个时间,否则无法运动。柏拉图就批评了这一点。人有无感知?在巴门尼德看来,人能够认识这个"是",就有知识;不能认识,就无知识。这个观点很绝对。柏拉图认为,这样不行。现实生活中，我们天天碰到的，无一是永恒的，即赫拉特利克说的"一个人不能两次踏入同一条河流"。巴门尼德分出"是"与"不是"。是，即存在；不是，就是不存在。我们只能对存在有知识，对不存在没有知识，是无知的。

巴门尼德之后的苏格拉底讨论什么是善，认为善是最高的概念，是最高的存在。他追求了一辈子，自认无知。这说明最高的存在是不运动的，也就无法研究。存在是由抽象达到的，也就是由概念的运动达到的。为解决这个问题，柏拉图提出了idea这个概念，过去翻译为"理想""理念""概念"，现在翻译为"相"。其含义是，现实中我们所看到的东西，如足球，看上去是圆的，但实际上不是真的圆，即使用极其精确的仪器制作出来也不能是真正的圆。真正的圆是圆的idea/相/概念，只存在于人的头脑中，现实世界中不存在。因此，真正的知识就是概念的知识。这就是柏拉图的"相论"。

柏拉图在知识与无知之间，还重点分析一个东西，叫作"意见"（巴门尼德就提出了"真理"与"意见"的不同），其在希腊文中是doxa，英文的paradox就是悖论，orthodox就是正统，都与"意见"有关。有些意见是有意义的，但不具有绝对意义，所以历史在柏拉图看来就是意见。这一观点影响甚远，甚至影响到黑格尔。古希腊哲人，包括柏拉图和亚里士多德，都否认历史有理性。亚里士多德在《诗学》中认为，希腊学术中，最高的是哲学，其次是诗。他认为，诗涉及的，不是某个具体的人，而是典型的、有概括性的东西，典型就具有一定的永恒性、概括性。历史则不被看重，因为历史是变化的。人只能从永恒中把握真理。人是否可以从变动中把握真理，是历史理性能否存在的关键。

中文里的"是"与"在"意思不同。"我是"这句话好像不完全，人们会问：你是什么？西方语言里，"我是"是成立的，因为"是"就是"在"。笛卡尔"我思，故我在"中的"我在"就是"我是"。"I think，therefore I am"，这句话有两个命题判断："我思"是综合命题；"我是/我在"是分析命题。"思"不是我独有的功能，别人也有，你思，他思，大家都可以思。"我思"，我与他人分享了"思"。"我是"指的就是我自己，没有分享。因此，"我是"是一，"我思"就是多。笛卡尔这句话，是名言，但逻辑不严密，因为"我思"与"我是"属于两个不同的命题。不能用一个综合命题来证明一个分析命题，也不能用"故"（therefore）连接这两个命题。"我思"的"我"分享了"思"，"我在"的"我"不分享任何事物。他用分享的东西证明他不分享的东西，这是不对的。我认为，人的存在，可以设想为逻辑上的存在，"我是"就是永远的是/存在，但是，人类历史的客观存在是：我是，我又不是；我不是，我又是。最初提出分析命题和综合命题的是培根。

柏拉图"通种论"（communication of kinds）讨论了三对这样的范畴或者"种"：存在与非存在、静与动、同与异。这六者都是普遍的范畴/种，而且有相通的方面，所以与之相关的主张叫"通种论"。任何一个种都同于自身，异于与其相对的种。比如，存在与自身相同，即存在是存在本身，而存在与非存在相异。"非存在"不是"无"，而是与"存在"相异的一种存在，在这一点上，存在与非存在相通。动与静也是各自同于自己而异于对方，二者的关系是相对的。相对于"静"来说，"动"是"非静"，是一种"非存在"；同样，"静"相对于"动"就是"非动"，是一种"非存在"。柏拉图是最大的唯心主义者，但也是辩证法的开创者。他虽然没有完成辩证法，但有着伟大的开山之功。再补一点黑格尔的《小逻辑》，他的"通种论"，就容易懂了。

存在是一，还是多？是静，还是动？存在与非存在的关系是什么？柏拉图分析"是"，从文法入手。有两个句子。第一句，"我是"（I am），就是我存在。"我是"这个判断是分析命题，绝对正确，永远正确。第二句，"我是教师"。我分享了教师概念的一部分，即我是教师之一。同样，"你是教师"，你也分享了教师概念的一部分。这两句话不一样："我是"没有分享；"我是教师"有分享。那么，"我是"不能分享，只能是一个；"我是教师"可以分享，所以是多个。

"我是"（I am）没有任何内容，如果加上东西，"我是我"（I am what I am）也是同义反复，没有丝毫的新内容。这样的表述是静的，不是动的。"我是教师"，"我"通过分享"教师"，就成为多的，将静的东西变为动的。不过，这个动，是观念的运动，不是历史的运动，不是历史理性。历史理性是人的运动，而这只是概念的运动。然而，概念的运动，突破了静止的观念，在思想上是非常有意义的，涉及辩证法。

苏格拉底追求"善"并给"善"一个定义，结果他说他一生没有找到，只找到善的儿子、孙子，但他最大的贡献就是使人追求定义。一旦给出定义，立刻就有抽象。柏拉图的相型（idea）理论也是追求定义，他对"圆"的定义，其实就是几何学上的定义。他认为，经验界一切圆的东西，都不是真正的圆，不完美，而真正的完美的圆只在大脑中，在idea中，这是从所有能看到的圆形东西中抽象出来的，是圆的本质。所有的圆都分享了idea中的圆概念。亚里士多德与柏拉图不同，他反对柏拉图的分享说，认为分享是有逻辑问题的，分享会无穷尽地进行下去，没有结果。亚里士多德指出，现实世界中的个体就是实体，我们面对的一切具体的东西都是实体。essence是拉丁文的"是"，是实体。

存在主义的"存在"，不是being，而是人的存在。将I am（我是/存在）变为I live（我活着），看到在场的东西，还看到不在场的。你我现在谈话，不仅现在在场，我们过去的关系也在场，我们的在场可以牵扯到很多在场，甚至你和别人谈话时提到我，我也就在场。我与别人谈话时提到你，你就在场。亚里士多德的形而上学，将所有的在场一刀割断，这一点，斯宾诺莎首先看到，他说的"规定即否定"，也就是牟先生说的"一有抽象就有舍象"。"人是有理性的动物"，没理性的就被分出去了，不在场了。人的定义被规定了，其他生物就被排斥了。舍象到最后就成为抽象，最高的抽象就是永恒的"在场"。"是"（being）变成今天是，明天是，永远是。I am（我是），也成为永恒的在场，即不管时间推移多久，我都存在过，不受时间束缚。因为强调的是存在，人就没有了。中世纪的教会之所以对亚里士多德的哲学产生兴趣，就是因为可以用逻辑证明上帝的存在。《圣经》和早期的教会只是从经验上证明上帝的存在，缺乏说服力，而希腊哲学则从逻辑上证明。

培根认为三段式演绎"凡人皆有死，苏格拉底是人，苏格拉底必然死"是废话，因为没有提供任何新知识。但是，演绎的方法有着极其重要的作用。

巴门尼德的"有"与"无"，是绝对排中的，非有即无，非无即有。"有"就是知识，是能说和能想的；"无"不能说不能想，不是知识。一旦被否定后，就不存在了，在场的排斥了不在场的，形成了"在场形而上学"。后来西方哲学界批评在场形而上学：海德格尔提出"澄明"，反对在场的遮住不在场的；德里达也强调两个相对立的概念是同等重要的。

亚里士多德讲两个"实体",第一实体是指具体的个体、具体的存在,比如说我本人刘家和,这是第一实体。第二实体解决第一实体是什么的问题,要给出第一实体的定义,这就必须进行逻辑概念上的分解。性别上分解,刘家和是男人;年龄上,老年;专业上,学历史的。可以从众多方面分解。只有形式才能够说明刘家和,因此,形式的就变成了物质的。存在的,是潜能,潜能要变成现实的,必须经过概念。概念是第一性的,精神、神也是第一性的。亚里士多德有二元论倾向:形式和内容。形式是重要的,没有形式无法解决问题。

《老子》与黑格尔有可比性。《老子》的"道"是有层次的:"不可道"的"道"包括正反两方面,所以不可道;而到了结合具体事实"可道"的时候,就变成"理",这就相当于黑格尔的有、实有、在、实在。我在关于《老子》的文章中引用了黑格尔的话:纯有作为逻辑学的开端,是因为它是无规定性的、单纯的、直接性的;开端不能是间接性的,也不能得到规定。纯有是绝对的抽象,也是绝对的否定。纯有无规定,就是说它的外延无限大,内涵也就无限小,无内涵就无规定,就没有可反思的内容,是单一的。没有经过反思的纯有,就是直接性的。无内涵的纯有也就和与之相反的纯无是相同的了。经过逻辑上的推理,纯有就变成了纯无。由有成为无,就产生了变化,就是实有(Da-sein)。黑格尔的理论,应用在《老子》的"道可道,非常道"上,就是由于变,道从不可道之道，变为可道之道。

斯宾诺莎是犹太人，在荷兰出生和生活，以打磨镜片为生。他说，"规定即否定"。他的主要思想是：有规定性的存在都是否定的，只有唯一的存在"神"。他讲的神，可以是上帝，也可以指大自然，不受任何东西的限定或规定。他是泛神论者。任何东西，一旦被规定后，就变为否定的了。规定的结果，就是巴门尼德所说的"是"，黑格尔在斯宾诺莎的话前面加上了"一切"，"规定即否定"成为"一切的规定都是否定"。黑格尔就从逻辑理性推出了历史理性。我认为，黑格尔的历史理性，指的是逻辑的过程，不是时间中人类的历史，他的历史哲学说的是抽象出来的世界精神强加在人类历史上。

"文化"和"文明"这两个词很难定义，我就想了一个办法——说明它们的反面：将文化定义为人类对愚昧否定的过程；将文明定义为人类对野蛮否定的过程。这样定义是采取了逻辑学上 A+非A=1 的公式，但我没有表明我在用这一公式。逻辑上是这样的：一个东西存在正反两面，描述它的反面，可以了解其正面。文化的反面是愚昧，文明的反面是野蛮。文化不是愚昧，文明不是野蛮。斯宾诺莎的名言：规定即否定。除从逻辑上分析以外，还要从历史上分析：文化与本能不一样，文化是人类逐渐地从无知到有知的过程。很多过去被认为是先进的东西，现在看来都成为落后的。

最初的巫术、占卜，都是当时文化的代表人物、知识阶层的专利。巫术的思想中有宗教信仰，有神祇的观念，神可以与人沟通；而现在看来，巫术是迷信。文化发展就是这样的，与自然界不同。蜜蜂筑巢，天生就会筑成等边六边形；而人类最初建的巢，所谓有巢氏的居所，比蜜蜂的差远了。但是，人类不断否定自身的一部分，发展到今天能够建造摩天大楼。每一次进步都有新的知识，同时也留下旧的。这就是对愚昧的不断否定。

康德认为，人到了理性阶段，就有二律背反。人的理性只能知道十二范畴，超越这界限的事物，人无法认识。超越理性的东西，就包括上帝以及上帝的存在，不能证实，也不能证伪。中国哲学中，《道德经》的"可道"之道是可以知道的，"不可道"之道就是超越的。

历史理性走到极端，就会变为相对主义。新康德主义的出现，是针对孔德的。历史是写出来的，还是客观的过程？德里达认为历史是写出来的，他说，文本以外无一物（There is nothing but texts），文本是人写的。历史的真实性，只是相对而言。历史相对主义有两种。一种是简单的，比如，美国史学家比尔德的观点是简单的相对主义。另外一种相对主义认为，历史就是"发明/编造"（invention），史家写着写着就偏离真实了。德里达持这种看法，他还创造了一个新词，将英文的different改为differant，中文翻译为

"延异"。

古代西方人相信"地心说",原因很简单,普通人以肉眼直接观察,就能发现太阳每天早上升起傍晚落下,很容易得出太阳围绕地球转的结论。古代天文学家夜晚观察星象,以恒星为背景,发现行星运行一段时间后,向相反方向运行,然后继续前行,这是非常匪夷所思的现象。托勒密以"本轮"解释行星的大圆运行,以"均轮"解释行星的逆行现象。这一理论完全是想象出来的,在当时似乎解决了问题,赢得众人的支持。可是,到了哥白尼,均轮的设想被质疑,后来开普勒的行星定律彻底推翻均轮理论,代之以"日心说"。所以说,科学发展,是需要有想象力、有假设的,假设提出后,让实践去证实或证伪。波普尔指出,一切科学都是可以被证伪的,这说明了一个重要的问题:科学只有在否定中才能够前进。否定之否定的原则在科学史中体现得很清楚。

诠释学(hermeneutics)认为,在阅读文本时,人们头脑中已经形成的"前见"(prejudice)是合法的、正当的,因此,不能被否定掉。当然,前见不能违规,否则就成为"偏见"(bias)。我对诠释学的理论还在学习之中,但不太同意他们的这一个观点。诠释学将人类历史的过程视为解释的过程,而我认为,解释的过程,也是创造的过程。

诠释学,原来是一种方法论,针对如何说明人类精神文明存在的问题。诠释学认为，解释的过程就是存在，文明就存在于解释的过程中。伽达默尔的诠释学，尤其是"效果的历史"（Wirkungsgeschichte）和"视域融合"（Horizontverschmelzung）的理论告诉我们，我们是在思想史中研究思想，文本自身是在解释的过程中流传下来的，解释者都是根据自己已有的知识理解文本的。以《老子》的情况为例。古今中外解释《老子》的文字，数不胜数，而《老子》就存在于各种解释中。我十几岁就开始读《老子》，二十多岁萌发给《老子》作注的想法，但这是行不通的。为什么呢？历史给我们留下了大量的有关《老子》的研究文字，比我更有知识的人，不胜枚举，仅仅是我上一辈的学者中，就有众多的人研究过《老子》。我感觉到，我如果不读他们的东西而去注《老子》，就会"炒冷饭"。也许我讲的东西，前人早已讲过了；或者，我讲的东西，前人早已批评和否定过了。所以，我放弃了这个想法。古人则不同，王弼注《老子》，他的时代所掌握的知识和所能看到的书，远远不如我们的时代，他之前只有河上公的注，他不必担心自己的解释是别人说过的。但是，王弼是以他的知识和他的时代背景来理解《老子》的，他的"视域"与《老子》写作时代的"视域"发生了视域融合。

对文字的解释也是如此。我小时候读《说文》，只知道篆字。读过《说文》的人，一看到甲骨文和金文，就能够感觉到它们是属于同一个系统的文字。清末的王懿荣，既是官员，又是学者，他的学术贡献包括发现甲骨文和搜集甲骨。义和团运动发生后，他任京师团练大臣，负责守卫京城。八国联军打到天津，他投井自杀。他死后，其所收藏的甲骨散落到别人手中，这开启了甲骨学。甲骨文的发现很晚，在1899年才被发现，而发现金文的历史很长。金文从秦汉以来，不断有发现，到了宋代，发展出金石学，赵明诚的《金石录》和妻子李清照的《金石录后序》都是代表作。金文之后是秦代的石鼓文，又称"猎碣"，故宫收藏了一些。石鼓文是大篆字体，《说文》里的字是大篆的简化字。现在的"车"字，形体是一个车轮，成了"独轮车"，而大篆里的字形是两个轮子，更接近车的形象。现在"星"字上面是一个"日"，而大篆是三个；"集"上半部也是三个"隹"，三为多，现在只有一个"隹"，没有"集"的意思了。《说文》里面有很多西方汉学家所说的"关联性思维"的体现。比如，对"一"的解释是"惟初太始，道立于一，造分天地，化成万物"。古人造字，一就是一，不应该与道相关，那时肯定还没有道的思想。"邑"字也是个例子。《说文》将上面的"口"看成城市的圈，把下面的"巴"说成"符节"的"节"。汉代的官员出使时必须持节，若丢失，即失节。"邑"就是城市，由持节的人守卫。这样的解释，很显然是后来的历史情况的反映，不是最初造字的意思。金文的"邑"字，下面是个"人"，表示圈和人，与节无关。《说文》中类似的解释还很多。

这是对文字的解释，对经书的解释也有视域融合。东汉的郑玄无疑是今古文大师。附带说一句，东汉末年，虽然古典文明处于衰落时期，但学术非常辉煌，出现了众多的大师，除了郑玄，还有何休、服虔、韦昭,等等。郑玄遍注各经,他的"三礼注"("三礼"指《周礼》《仪礼》《礼记》)尤其有名。南北朝时期,北朝偏爱《左传》的贾逵、服虔注,南方最重视"三礼"的郑玄注。郑玄对"三礼"的解释,是有差别的。他发现,《周礼》、《礼记》和《仪礼》中有互不相融,甚至相互矛盾的内容,他采取三代不同礼的解释,加以调和,认为某某是周礼,某某是殷礼,某某是夏礼。郑玄还有一个方法,就是用他那个时代的词解释古代的字义。我用"侍郎"一词作例子,这个例子是我给的,不是郑玄的,但方法相同。"侍郎"字面上的意思是伺候人的儿郎,但我用现在的"副部长"来解释。这样解释对不对呢?当然不对,因为当时没有部长,而且现在的副部长人数众多,而古代的侍郎只有为数不多的几个人。这样的解释,暗含了意义的转移。无独有偶,佛教进入中国,中国人就是根据自己的"前见"(prejudices)来理解佛教思想的。早期的佛经翻译,充满了先秦道家的概念和词语,这种做法被称作"格义",有悖于佛教思想,后来遭到鸠摩罗什的批评。另外,佛教进入中国,大乘和小乘重叠在一起,这从《四十二章经》可以看出来。佛教在中国变成了中国的佛教,出现所谓"判教"。依据判教,佛教中的大乘和小乘的不同经典、大乘各派别的不同教义,包括相互矛盾的教义,都是佛的教导,是佛在不同的时候,对不同的听众说的话,内容分层次。这方法与郑玄相同,即调和不同内容的经文。

黑格尔的理论是逻辑和历史的一致，中国人不太理解这一点，以为写文章，举了例子，摆事实讲道理，摆事实就是历史的，讲道理就是逻辑的，这就是逻辑和历史的一致了。这是误解。马克思的《资本论》是逻辑和历史的一致。他从商品的二重性、劳动的二重性讲起，然后讲商品生产，生产出来后如何进行交换，交换中如何出现了不平均，再讲简单商品生产、资本主义的商品生产，这些既是历史过程，又是黑格尔逻辑的过程。逻辑和历史的一致，不是现实中看到的，不在实践中，不在空间中，而是概念上的。

认识论有三类：经验主义、理性主义（也称为唯理主义）、批判主义。批判主义是康德提出的，调和了经验主义和理性主义。经验主义重视经验，采用综合的方法，对经验的东西进行分析和综合，上升到理论。知识或者真理，要用经验来论证。认识论对判断，有两种方法去证实正确与否。第一种是符合论，看你讲的是否符合事实，这是经验主义的。另一种是理性主义的，即检查你讲的是否有矛盾，如果推导没有矛盾，就是正确的。黑格尔是典型的唯理主义。经验主义也分两种：主观经验主义和客观经验主义。客观经验主义重视客观的存在，主观经验主义的代表是柏克莱（George Berkeley），他认为：我们知道的一切都是经验，经验到的就是存在的；经验之外的，我们什么都不知道，它们就不存在。我们对没有经验到的，就没有知识。有人调侃他：你没有见到过你祖父，你祖父是否不存在？

黑格尔的"合题"是具体抽象兼有，是"直接性"和"间接性"的统一。比如，我照镜子，镜子中的我，是我的异化。我照镜子时不说话，镜子里的我能说话吗？不能！能思维吗？不能！从镜子里是刘家和而不是别人这方面讲，镜子反映的是我，是本质上的我；而从反映的是我的外表形象这方面讲，镜子中的我失去了直接性，是间接的，是我在光学上的反映。我照X光，做核磁共振，抽血化验也同样，出来的结果肯定是我的，是本质上的我的，各自是我本质上的一个方面，但失去了直接性，而变为间接性的，间接性的就是抽象的。黑格尔哲学中的正题是从直接性开始的。反题是间接的、经过抽象的。合题是直接和间接的统一，上升到了一个新阶段。纯粹的存在是不可照镜子的，因为无内涵，没有内涵，是最高的抽象。照镜子、做核磁共振、验血等，是抽象到某一方面，接触到本质。黑格尔讨论本质论时，分析一对对相反的概念。他认为，逻辑就是概念的运动。

我去夏威夷大学历史系访问，谈及哲学话题。有人问如何理解认识三阶段的问题，我回答：我看到在座的听众，首先感觉到的是这些人我全不认识，这就是第一阶段——不同。这是黑格尔说的直接性。这个阶段也叫作"杂多"，英文是manifold，既然是杂多，肯定是认识不清。第二阶段是全同。这个阶段中，我认识到在座的与我一样，即全是学历史的。这像是照镜子，镜中的影像（黑格尔所说的 reflection）与我全同。这个全同的阶段是认识的一个飞跃。这是间接性，失去了直接性，这个全同的结论是我经过头脑分析抽象得出来的。第三阶段是，我如果在夏威夷大学多住些天，就可以了解在座各位哪些是老师，哪些是学生，以及每位老师的历史专长各是什么等，这样我就了解夏威夷大学历史系的整体情况和特殊的突出点。这是直接性与间接性的结合，是具体和抽象的结合。

照理说，我们应该按照哲学史的发展线索了解哲学流派，但我是在学习黑格尔哲学之后才反过来去读康德的。过去在国内对西方哲学发展缺乏了解，而且多年受到列宁《唯物主义与经验批判主义》的影响（列宁在书中批判了新康德主义），所以我没有关注康德。二十世纪八十年代，我有机会去美国的大学访问，开始接触到西方新的哲学流派的著作。后来读了康德以及新康德主义、后现代主义等流派的著作。

康德提出的形式逻辑上的十二个范畴，建立在亚里士多德的四个范畴理论的基础之上。亚里士多德的范畴理论包括质和量：是与否，是质；一和多，是量。康德在质方面（肯定、否定）之外，增加了第三种：不定。在量方面，康德发展出全称、特称、单称。这样，亚氏的四种就变成了六种。另外，康德又提出了判断的关系方面的三个范畴——直言、假言、选言；判断样式方面的三项——或然、实然、必然。总共十二种。亚氏和康德哲学的范畴关系搞清楚后，很容易记忆，也便于应用。这是一个很好的学习方法。

西方文明出现的两个最重要的人物：亚里士多德、培根。亚里士多德是古希腊哲学和自然科学的集大成者，柏拉图虽然说过"不懂几何学的人不要到我这里来"，但那时的几何学尚未建立、完善，几何学到希腊化时代才真正建立。现在有些学者认为，中国自明清开始科技落后于西方，原因是知识界轻视自然科学，将科举入仕途作为最高目标，这些都是现实，都是对的。但其实，根源不在明清，而在明清以前。李约瑟的《文明的滴定》指出，中国没有出现亚里士多德这样的人物。中国人甚至到了清朝仍然称数学为"奇技淫巧"。中国只有《老子》将有用和无用看破了，可以与西方相比，但没有得到继承发挥，因为数学不行。西方即使出了亚里士多德，中国技术仍然走在前面，直到培根出现，情况才发生变化。培根的经验主义在亚里士多德的基础之上，开启科学实验，除分析判断以外，又加上综合判断，西方走到了前面。培根的《新工具》，就是针对亚里士多德的《工具篇》，两人同等重要。这如同气象学中两股不同气流的锋面相遇，产生天气的剧烈变化，中国没有出现两种锋面的对立。徐光启翻译《几何原本》，提到几何学的威力。利玛窦、徐光启的时候，还没有看到培根的方法"发威"。后来的笛卡尔在培根的基础上，把代数学和几何学结合起来，创立解析几何，开创现代数学。仅有数学还不够，数学和物理学、几何学结合在一起，威力就大了。实验科学从培根开始。十七世纪是科学革命,十八世纪就是工业革命,两个革命存在因果关系。抛物线理论的产生对科学发展起着极大的作用。古代射箭的技巧,全凭个人的经验,神射手无法将其技巧传下来。中国的很多技术,如"木牛流马"之类的,传不下来,因为没有数学公式的表达,没有数字计量的表达。要想成神箭手,只有不断观看,集中精力,将虱子看成车轮这么大,这样就容易射中了。这是神话性的。利用抛物线,情况就不一样了,距离与角度可以由计算得知。

有一次在国内开会,有两位与会者争论历史有无价值。一位认为历史无价值,另一位坚持有。我说:你们二位从不同的角度证明了历史是有价值的,只不过一个人认为是正价值,一个人认为是负价值,而绝对值上都有价值。不管是正号还是负号,都有价值,看你怎么用,是正确应用,还是滥用。这是依据数学上的绝对值概念得出的结论,因此在逻辑上站得住脚。历史作用就是绝对值不是零的时候,有正有负。

我十多岁就开始读先秦诸子,诸子的东西几乎全部读过。他们阐述自己的观点时,都举例说明。这是综合论证,以经验的东西来说明观点。西方人则说,所有的综合论证都没有说服力,既然是经验的东西,就只能解释或解决经验领域的问题,不是天生的正确。波普尔指出,科学的东西不仅是可以被证实的,而且可以是被证伪的。

西方思想史上，当一种思潮的发展达到极端的程度，就会出现新的东西来纠正之，就有了不同的哲学流派。培根的《新工具》针对亚里士多德的《工具论》，莱布尼兹的《人类理智新论》针对洛克的《人类理智论》，维科的《新科学》针对过去的"旧科学"，即笛卡尔的科学思想。笛卡尔认为，存在就是存在，不存在就是不存在，二者不可混。

纯粹的逻辑推理，都是分析命题，是演绎的。从公理演绎到定理，不会有错，即使是闭门造车，出门也肯定合辙。这是逻辑思维的优越性。像牟宗三先生这样的逻辑学家，他拿一支笔、一张纸就可以进行研究；而历史学家离开了史料就无法工作。所有的综合命题都是归纳的。先秦诸子所有的论证都是举例子，建立在经验的基础之上，都属于综合论证。十七世纪科学革命，就发现了综合论证的问题、归纳法的问题。归纳法是不严格的，有漏洞，达不到绝对的准确，只是达到一定的概率。"辽东白豕"的典故就说明这一点：你没看到过白色的猪就以为天下的猪鲜有白色的。对于"所有的羊都是白的"这样的归纳命题，只要发现一只不是白的，命题就不成立。

概念的外延与内涵的关系：外延越大，内涵越小，二者成反比的关系。以一个通俗的例子说明：西方有个观念，人在黑暗时害怕，在正午时或强烈的光线下也害怕，因为没有影子，而且炫目使人看不到任何东西。全无，看不见；全有，也看不见。从纯有到纯无，就发生变化。第一阶段是肯定的，第二阶段就是否定的，这是从逻辑理性向历史理性转变最难突破的一关。黑格尔说纯有立刻转化为纯无，就是因为概念的内涵与外延成反比。概念一步一步地抽象，"抽"到最后只剩下"有"（being）的时候，一切的内涵都没有了，成为绝对抽象，没有内涵的绝对抽象等同于"无"（non-being）。

亚里士多德的贡献之一：提出伦理学是理性。康德的纯粹理性是逻辑，伦理学是风俗，风俗就不是逻辑的了。中国的纳妾风俗，没有人反对，一妻多妾制是合理合法的。故宫博物院的前院长单霁翔，他父亲叫单士元，是北大的学生，进故宫做办事员，他就有两个太太。梁启超也有两个夫人，在天津的饮冰室，有两个楼，一个是梁启超的书房和会客室，另一个是给家室住的。二层南面有两个房间，两个夫人各一间。陈垣先生最初也是有两位夫人，一位是自己的，另一位是为了他伯父娶的，生的孩子是过继给伯父的，使其香火延续下去。苏东坡、张之洞、曾国藩等，都有妻妾。这不需要理由，只是历史留下的风俗。

亚里士多德在《形而上学》中讲，哲学没有任何用处，唐君毅先生给我们上哲学概论的课，用四川话说："学哲学就像在黑屋子里抓黑猫一样，无用。"四川话将"猫"读成"苗"。历史证明，学哲学也许一天两天没有什么用处，但从长远看，用处非常大，哲学的思维方式有利于科学的发展。我们应该允许非功利思想的存在，也应该允许犯错误，深刻的错误是有好处的。黑格尔的《精神现象学》将人的意识分为几个阶段——意识、自我意识、理性、精神、宗教、绝对意识，强调知识的前进是在否定的过程中发生的。"自我"必须通过中介自我"异化"，异化就是反对自我。《老子》的第四十章说："反者道之动，弱者道之用。"第七章说："圣人后其身而身先，外其身而身存。"我们要敢于否定自己，才能够前进。

后现代主义者，尤其是存在主义者，批判古希腊哲学家的存在论，指出：其讲的存在，不是关于人的存在；讲的在场，都不是人的在场，而是逻辑的抽象的在场，是永恒的在场；讲舍象，把殊象都舍去了，剩下的是抽象的，也是在场形而上学。存在主义者讲的在场，是活生生的人的在场。

英文里有个词invent，意思是发明、创造、捏造、杜撰，等等。创造不就是违背自然、改造自然吗？invent与discover（发现）不同，前者是从无到有，后者是发现，所发现之物原本就存在，cover是掩盖，dis是去除，去除掩盖就是发现。黑格尔指出，德语有很多有正反两个意思的词，如"扬弃"（aufheben，英文里没有这个词），扔掉是它，捡起也是它。在舍去的同时也继承，又否定，又肯定。中国也有类似的字。中文的"去",一个意思是离开某某地方,另一个意思是去某某地方。《史记·五帝本纪》记载:"舜乃以两笠自扞而下,去。""下去"两字,两个意思,即舜下来后,离开。相对于黑格尔的"扬弃",中文中也有类似的字:置。"置郡县",设立(郡县);"置之于地",扔(在地上)。这是中国的二分法。我读古书,尤其是《尔雅》,凡是发现这样用法的字,都记录在一个笔记本里,后来因为搬家丢失了,太可惜了。

谈师友

忆汪海秋先生

1943年我进入江苏的六合县中学,但是学生被强制学习日语,没多久我就不上了。汪海秋先生在县中学教书,并且在家开补习班,有三五个学生上补习,我是其中之一。他是影响我一生的人。

汪先生外表似少数民族,额头很高且突出,双眼深陷,胡子很重,但都刮得很干净。他性格和善,但不太善于人际交往。口齿略微不清,开会少发言,受排挤。他抗战前毕业于高等师范,从事教育工作,通文理两科。他教我的时候已经四五十岁,家中有老母,有妻子和两个儿子。全家只他一人有收入,他开补习班也是为了增加些收入。他家住的是县城偏远处的旧屋子。汪师母经常帮别人洗衣服,以补贴家用。大儿子汪同国,资质聪慧,但无钱读书,去了一家布店工作,从学徒开始。二儿子汪寿国憨厚，也没有读书，经常去挖野菜供全家食用。全家夏天买不起蚊帐，只能点蚊香驱蚊。过年连油都买不起，更别提买肉。家母曾经让我带给汪家一罐猪油过年。他讲课时永远穿着一件大褂，那是他唯一的一件。

虽然家境如此，但先生安贫乐道，"回也不改其乐"。他喜欢写诗并且与朋友和诗，他们的诗作由友人徐弈星集在一起，在石印厂印出。有一次我提及他的名字很大气，"海中观秋色"，他笑而答道："你说错了，没那么高雅。我名宗棠（宗字辈），我想到与棠相关的一个名是秋海棠，秋海太直白，故颠倒为海秋。"可见他很有幽默感。他喜欢课后带着我们出去散步，边走边出对子让我们作答。有一次先生出上句"霜降降霜霜降冷"，我虽然那时已经背诵过《三字经》《千家诗》《幼学琼林》等古典文化的入门读物，掌握了对偶的规则，但仍然想不出合适的下句。先生便对出"月经经月月经来"一句。看到我一脸茫然的样子，他笑了，说："你还小，不懂这个。"正是在先生那里，我听到那个有关曾国藩的著名对子。据说曾国藩有一次听说一个朋友观看其妾洗脚，便说"看如夫人洗脚"。朋友听了非常不快，便回应"赐同进士出身"。"如夫人"一词出自《左传》，意思是如同夫人，指小妾。明清科举制，殿试录取者称为进士，分三甲。一甲三人，为进士及第；二甲为赐进士出身；三甲最低，人数最多时可达三百人，为赐同进士出身。曾国藩为三甲，因此，"同进士"对"如夫人"，讽刺意味甚浓。

汪先生在六合中学并非国文老师，他教的是几何学。我们补习班当时用的课本是《三S平面几何学》,一部西方著作的中译本,在当时很有影响力,甚至后来的几代人都用这一课本。我记得这本书开始列了一些名人的语录,强调数学的重要性,然后是一些以线条组成的图,说明感官不都是可靠的,有欺骗性。问题来了:如果感官不可靠,那靠什么?靠公理(axiom)、定理(theorem)、定义(definition)。公理是先验的,不证自明。比如,如果A大于B,B大于C,那么A肯定大于C;两点之间直线最短。由公理可以推出定理,由一个定理还可以推出下一个定理。掌握几何学,首先要熟背每个词的定义。有一次,汪先生在黑板上画了一个点,然后问大家:"这是点吗?"同学们认为是,而我没有回答。先生问我为什么不答,我说:"点的定义是两条线的相交之处,这个不是点。放大后它可以是一个面,也可以是一个粒。"先生听了非常满意,这也许就是他器重我的一个原因。

这种强调逻辑理性而非感性的思维让我非常震撼。我们不能只是依靠感官认识事物,还必须要有先验的思维。中华文化底蕴深厚,人文精神丰富,在抵抗外辱时中国也从不缺乏为国捐躯的仁人志士,然而仍未能摆脱受凌辱的命运,也许我们应该从根本上寻找原因。我朦胧中产生一种有别于五四时期"赛先生"的想法:我们迫切需要建立一种以理性为基础的思维方式。从几何学开始,我后来对数学、逻辑学,以至西方哲学产生了浓厚的兴趣。这种思维方式一直指导我的学习和研究,所以说,汪先生为我开启了人生的一道门,是影响我一生的人。

我曾多次打听汪先生的消息，始终没有音讯，非常遗憾。

我在南京大学只上了一个学期就来北京了。在南方时就仰慕陈垣先生，因为在南方对清人的学术有一定的了解，又在钱穆先生那里对历史有了个宏观的把握，所以很向往陈老的学术。我到北京后，陈老已经不再授课，我失去了听他讲课的机会。我不好意思去拜访陈老，所以经常去陈老的高足柴德赓先生家问学。柴先生每次与我交谈时的情绪都很高，学术话题也十分广泛，从书法到名人掌故，滔滔不绝。那时柴先生在系里已经受到批评，所以柴师母担心他祸从口出，总是借口说"时间不早了，明天还要上课"。每每这时，我只得告辞。

陈垣先生通过助手刘乃和先生转达他对我文章的评论。我收到信以后，没有去陈老那里致谢，因为我有个毛病，对地位很高的人不想太靠近。

钱穆先生去香港之前，在燕京大学、西南联大、云南大学都教过书，学生中有很多佼佼者，包括何兹全先生、杨向奎先生、胡厚宣先生、邓广铭先生、李埏先生。钱先生百年寿辰时，香港邀请他在内地的学生参加纪念活动。钱先生的学生中，我最年轻，所以被定为联系工作的负责人。我打电话联系各位先生，给邓广铭先生打电话，邓先生用颤抖的声音说："我老了，八十八了，不能去了。"很遗憾，内地学者中参加的人不多。

陈翰笙先生告诉我，他去印度参加一个会，在火车上，代表们一起喝茶，其中包括种姓制中的贱民。印度代表下车后，服务员立刻将贱民用过的杯子砸了。陈先生评论说，虽然印度宪法已经取消种姓制，规定人人平等，但民间的旧观念仍然根深蒂固。

有一次开会，季羡林先生问刘家和是否在场，我就坐他对面，回答说，我就是。季先生说他读了我的文章，问我为什么没有去找他，我说："我那时不认识您，不敢找您。"季羡林先生想让我去他那里工作，我说白先生不会放我走的，他问为什么，我说："您在这里是一颗恒星，周围有行星；我们那里也有一颗恒星，就是白先生，我是那边的一颗行星，只能是在那边的轨道上转。"他笑了，放弃调我的想法。

冯玉祥与蒋介石交换金兰之谱，结为兄弟。何其巩曾经担任冯玉祥的秘书长，后来在北京主管中国大学，抗战时仍然留在北京，为教育事业做出大贡献。何先生的一位公子是我的同学，曾到我在西单的家。1953年左右，我登门回访。何家深宅大院。何公子请我坐在客厅，然后去沏茶。我听到花园正对面的院子里传出吟书声，侧耳听去，底气十足，铿锵有力，韵味甚浓，有少有的旧学功底。何公子端茶出来，我盛赞诵书者，何公子说是他父亲，并立刻转告其父有客人称赞他，老先生就邀请我面谈。他问为何称赞他，我回答：小时读过私塾，有点诵文的基础。何老先生让我背给他听，我吟诵了一段，随后就聊了起来。何先生透露，蒋介石虽与冯玉祥是把兄弟，但暗地笼络冯部的人心。冯的部下十多人去上海见蒋，获盛宴招待，蒋以溢美之辞称颂冯玉祥。蒋推托公务忙，没有时间陪伴冯部下，但送上十万银元（大头），让他们在上海尽情游玩。如此数次，这些部下就被蒋收买了。后来冯去了泰山，部下纷纷离去，投奔了蒋。冯一直不知原因所在。

我从内心里是十分尊重白寿彝先生的，他对我有奖掖之恩。我升副教授的两位推荐人，一位是林志纯先生，一位是白先生。二十世纪五十年代初我刚参加工作时，在公交车上遇到白先生，他家也住西单一带。他看到我坐车时看外文。我们交谈以后，他发现我中国史的基础很好。后来我们经常在公共汽车上聊中国史，他对我越来越了解。他曾对我说："家和，我如果像你这样的年龄就好了，哪怕年轻十岁，就可以做很多事。"白先生是值得尊敬的前辈。但是，在学术上白先生有时过于强调史学的致用传统。司马光的《资治通鉴》最初叫"通志"，宋英宗赐名"资治通鉴"，明确地指出经世致用的意思。

白寿彝先生也是陈垣老的学生，继承了陈老的一些工具性的东西，尤其是目录学方面的，但对其他方面总体上是否定的，认为太琐碎。白先生对理论感兴趣。我对白先生也有继承，但是他说的理论和我理解的理论是不一样的。我使用的"理论"一词，其定义是西方哲学中的。

那篇关于《日知录》的文章,是我毕业后写的第一篇文章,是白寿彝先生鼓励我写的,原本要被推荐到《历史研究》。但是,我毕业后被分配在世界史组,写有关中国史学的文章,被认为专业思想不巩固而去搞中国史,反而受到了批评。后来我在世界史方面做出些成绩,再转而写中国史方面的文章,就没有人反对了。白先生对我有知遇之恩,知道我对中国历史的兴趣和从小打下的基础,能够做史学史。金毓黻先生的《中国史学史》,我1959年3月就买来读了,也看了《史通》《文史通义》,这两部书,一般人读起来有困难,但我没有,很容易就读进去了。

白先生后来因白内障眼睛看不见了。有一次参加欧美同学会的活动,北大的张芝联先生也去了。张先生研究法国史,英语、法语都很好,中国学问基础也很好,风度翩翩。张先生很热情,给大家倒水,当给白先生倒水时,白先生没有反应,张先生脸色有点不自然。我赶紧告诉张先生:"白先生的眼睛已经完全看不见了,请您原谅。"我又把张先生倒水的事告诉白先生,白先生赶紧站起来,让我领他去找张先生道歉。后来白先生做了白内障手术,但仍然不能读书,只能靠助手念给他听。

我与林志纯先生的不同点在于,我强调中西历史比较时要同中求异。我把自己的观点讲给林先生听,谈到很晚,林师母已经睡了,我才离开。今年过年时,我给林师母打电话,表示自己非常有幸能跟随林先生学习世界古代史，没有林先生就没有我。林师母说，他有你这样的学生也是他的光荣。

二十世纪八十年代，我和学生邵东方一起拜访林志纯先生，三人坐下，我在中间。看到这个顺序，我笑着说，我的一上一下，老师与学生，都比我强，比我办事能力强。林志纯先生办事能力很强，曾经问我在北师大为何不去争，我打比方说，我是从北京去东北师大进修的，即便是东北师大的女儿，也嫁给了北师大。在北师大是儿媳妇，只能听公婆的，不能与人争。我不办事，也无能力办事。

我在匹兹堡时见过陈荣捷老先生，他当时八十四岁。他送了我一本他研究王阳明《传习录》的书。

哈佛大学杨联陞教授读了我讨论《诗经·公刘》的文章后，同意我访问哈佛。在杨先生的办公室，我看到墙上有一副杨教授自作的对联，前三句讲做学问，最后一句是"狗头要砸烂"。我不理解这句的意思，杨先生笑着解释：狗头是英语 doctor 的谐音，砸烂狗头意味着学位不重要，仍然是在谈做学问。杨先生问我什么时候开始读阮元的《经籍籑诂》，我回答十多岁，他感叹说自己近四十岁才开始注意这本书。

何炳棣先生和杨联陞先生共同佩服的人是吴于廑先生。吴先生是江苏宝应人，家境贫寒，获公费上学。大学毕业后原本去南开大学经济所从师著名经济学家陈序经。吴先生找陈先生询问报考研究生的事，陈先生发现他是人才，没经过考试，当场就把他录取了。后来吴先生考庚款出国留学，文科考分是历来最高的，以后也没人超过。

洪业（煨莲）先生曾在燕京大学教书，周一良先生是洪先生的弟子。洪先生在美国没有拿博士学位，后在哈佛大学工作，编写哈佛燕京学社的《引得》，知识渊博。我去哈佛访问时，洪先生已经去世，我没有见到他。哈佛的杨联陞先生对我说，吴于廑先生是语言学天才。哈佛燕京图书馆的戴廉先生负责善本书，他又是英文专家，中美板门店谈判时，戴先生是美方的翻译。1986年我去哈佛燕京图书馆见戴先生，他拿出一个有关禹的拓本让我看，我告诉他是伪造的。杨先生对戴先生说，他认为刘家和也是语言学天才。我哪里是语言学天才？我对语言学的着迷是真的，但远不是天才。

匹兹堡大学的许倬云先生读了我的文章《〈书·梓材〉人历、人宥试释》，以为是位老先生，因为他认为现在的学者鲜有训诂与音韵的训练。我到匹兹堡大学，与许先生见面，他很惊讶，发现我们的年龄只相差两岁。

1985年第一次去匹兹堡大学访问时，许先生向我推荐两本英文书：曼德尔鲍姆（Maurice Mandelbaum）的《历史知识的问题》（*The Problem of Historical Knowledge*）、雅斯贝尔斯的《论历史的起源与目标》。我在一个月中匆匆读了一遍。第二次去匹兹堡大学时，将其仔细读完。

在许先生办公室聊天，谈及人才，我对许先生说："现在有个说法，叫作'1949年以后人才二分'，指当时有成就的学者面临留在大陆还是去台湾的选择，结果去留各半。根据这个说法，台湾有一半的知名学者，研究能力高于大陆。"许先生说："家和兄，你说的现象是过去的，如果看未来的话，台湾就远不及大陆了。人才的比例，大概上千人中才出现一个，台湾的人口基数小，这是无法改变的缺陷。"他毕竟有着社会学、人类学的训练背景，能够从这方面看问题。

我与许先生治学是不同的路数。他是历史学与人类学、社会学结合，我是历史学与哲学结合，我走的是野路。这方面，我背离了我的老师钱穆先生，也背离了陈垣老。

美国匹兹堡大学有位美籍日裔女学者，Evelyn Rawski，中文名字罗友枝，清史专家，是"新清史"的代表人物。她从人类学角度研究"北族王朝"。以人类学方法研究中国史，起源于魏特夫（Karl Wittfogel），他写了《东方专制主义》。何兹全先生在美国的时候曾是魏特夫的助手。我和何先生在匹兹堡的时候，见了罗友枝教授，她人很和善。

我1985年去美国访问前，白寿彝先生对我说："家和，你出去要小心啊，国外的汉学家很厉害。"这说明他对西方汉学界有所了解。我在美国见到最有名的汉学家是芝加哥大学的顾立雅（Herrlee Creel），其为许倬云先生在芝加哥大学的老师。

复旦大学的金寿福，曾经在德国留学，他的导师专修埃及学，而且也做史学理论。我曾经与金先生讨论过轴心时代，他很感兴趣。后来他写了一篇关于埃及与轴心时代的关系的文章。他认为，轴心文明中的很多东西是从埃及发展而来的，但埃及文明自身断裂了。他这样的研究很有意义。

历史系同事周启迪先生说我是北师大的宝贝，我说："我还活着，算是个活宝吧。"

在新加坡访问时，宴会上，新加坡国立大学中文系的主任陈荣照先生问我对新加坡的看法，我回答：世态炎凉。陈与在座的人都一惊，我马上解释说，室外太热，室内太凉。众人大笑。

在新加坡国立大学与一些人聊天，谈及西北地区学者向东南地区流动的现象，有人说"孔雀东南飞"嘛，连麻雀都往东南飞。同时在那里客座的北京大学的袁行霈先生开玩笑说，但是"西北有高楼"啊！我接这句说，"有人楼上愁"嘛！众人笑。

香港中文大学的逯耀东先生研究魏晋南北朝史，他也是钱穆先生的学生，他的书房名叫"糊涂斋"，挂着"难得糊涂"的字。我给他写过一首《西江月》：

> 一说糊涂难得，糊涂便出有心。
> 有心还做糊涂吟，安得糊涂真品？
> 但说糊涂便得，糊涂岂待追寻？
> 糊山涂水且登临，管他糊涂是甚！

首都师范大学的戚国淦先生研究欧洲史，也从事翻译工作，中文水平也很高，与我是诗词朋友。他八十岁时，我送给他一副对联：

> 儒雅风流，行己有耻；
> 温柔敦厚，和而不同。

他看到后非常高兴和激动，认为我彻底了解他的性格和品质。他请欧阳中石写出来，并准备将此刻在自己的墓碑上。戚先生去世后，他夫人让我写一副挽联，我写下：

> 鸿博仰先生，贯中西，兼文史，八斗五车，并世之交，痛丧翘楚；
> 湛淳滋后世，道问学，尚谦冲，九思三省，八方桃李，哀失

宗师。

中国社会科学院哲学所的张文杰先生,是我的老朋友,年龄比我小一轮。他和夫人笃信佛教。有一次坐火车去开会,我和他们夫妇聊到佛教,他们感觉我很了解佛教,很高兴和我聊。后来张先生患癌症,相信宗教可治病,不吃肉。生病的最后阶段,我说去看望他,他不让我去,说人已经变形了。他去世后,我写了一副挽联:

> 夫子去从容,想是往生净土;
> 友朋余怆恻,自当继力学林。

有位从事考古的先生,叫周晓陆,编了本《艺术考古》文集,让我写题词。我写了一个离骚体的题词,被他登在封底。我从逻辑上证明求生之真与美的关系。考古发现的物件都是古人求生的结果,反映出求生之真,同时,求生之真也是美的。如果不是美的,他们就不追求了。我以真与美的统一体现《艺术考古》的价值:

> 常美考古学之善于求真兮,
> 惜乎时见其真而少见其美。
> 宁古人惟知求生之真而不知乐生之美兮,
> 世焉有无美可乐之生而竟可求之理?
> 因知真美离析终难臻乎至善兮,
> 必得其道而后始能究其所以。

> 是道乌乎在又何以寻兮？
> 斯其《艺术考古》之所缘起。

我参加《中华大典》审稿工作的时候，有机会与很多不同学科的专家在一起工作，有研究中国算数史的、历法史的、天文学史的、历史的、中文的，等等。他们遇到古文方面的问题，就来找我。我知道古文的规则，可以解决他们的问题。我记得有一句话，说某某官员"凭高宅，深……"，他们读不懂，让我看，其实断句应该是"凭高宅深……"。我也利用与他们在一起的机会，向他们请教问题，尤其是天文、历法、数学方面的问题，从他们那里学到很多东西。审稿工作结束后，我结识了一些非历史专业的学者，并且与他们一直有学术交流，保持很好的关系。

俞伟超先生任中国历史博物馆馆长的时候，新加坡国立大学的陈荣照先生来北京访问，想参观历史博物馆。我打电话给俞先生，他说亲自陪我们。参观后，我们三人都争着请吃饭，但都不让步，结果谁都没有请成，各自回家。

我与台湾从事训诂研究的陈新雄先生关系很好，他是章（太炎）、黄（侃）学派的。我们很多年互寄贺年片，也相互赠诗。我去香港参加学术会议，住在陈先生隔壁，我们一同去会场，一同回来。香港霍英东的女儿曾在北大读考古，来会场认老师，并且请大家去一个会所吃饭。会所面临大海,风景非常美。陈先生即兴赋诗:"香江明月夜,学术已同流。左氏《春秋》在,是非不需愁。"赞美两岸的学术交流。我表演了吹口哨,选择了《可爱的家》一曲,纪念这个大家庭式的会议。离开香港后,我与陈先生通诗往来。

研究历史地理的石泉先生,是老燕京大学的,做过陈寅恪先生的硕士生,后来在武汉大学任教。他1987年要去美国访问,知道我刚从美国回来,所以到北京后骑车来找我,询问一些情况,我们初步建立了关系,后来成为至交是从一封信开始的。石先生研究楚国都城"郢"的地点。关于郢都的考证,过去有很多人做过,有很多种说法。湖北有个纪南城,被认为是楚国后来的郢都,早期的郢在哪呢?石泉先生带着《水经注》亲自去做实地考察。他发现,依据水往低处流的道理,古代的记载与现在的情况不符合,这样可以排除一些旧的说法。他通过大量的证据,认定楚国早期的郢都在现在的宜城。他的结论开始没有获得学术界的普遍认可,是一个少数派。他的文章在出书之前寄给我,因为我那时在做楚邦的研究。我发现他的逻辑论证非常严密,兴奋得一夜没睡,第二天下午给他写回信。石先生出书后,我写了一篇书评,发表在《武汉大学学报》上,分析他的逻辑论证。石先生比我大十一岁,那封信使我们成为至交。他每到北京,必来看我,他的博士生答辩,也都让我参加。

北师大哲学系曾经计划出版一个刊物，名为《哲学与文化》。负责人是搞西方哲学的，想让我参加，我说我是业余爱好者，但他认为我的水平不比专业学者差。我对负责人说，你们刊物的名字有问题，站在西方学术的立场上看，中国没有哲学，只有文化。牟先生和唐先生两人也注意到这一问题。他们都研究中国，但同时又下功夫研究康德。

北师大数学系的王世强教授是我的好友，我经常向他请教有关数学以及数理逻辑的问题。王先生比我大一岁，早我一年毕业，但因患肺病疗养。王先生很有才华，病愈后段学复想要他去清华大学，但他的老师傅种孙先生将他留在北师大。他留校后就是实习讲师，地位比我要高。他刚参加工作就写了一篇只有两三页的论文，针对西方数理逻辑的一个定理。前人证这个定理需要四个步骤，他用三步就证出来了。这篇论文发表在《数学通报》上，被美籍华裔的数学家王浩看到，王浩将其翻译成英文介绍给国际数学界，使他一举成名。

王世强先生是个非常老实的人，对现实生活一窍不通。一辈子未婚，生活质量极差。从王世强的照片来看，不太像是才华横溢的人。他只着迷于他的数学，并且从数学中发现可研究的东西。他工资很高，我做讲师的时候，他已经是副教授了。每月发了工资，就将钱扔进一个箱子，需要用的时候开箱子拿出一些。一旦有亲戚、学生、朋友需要救济时，他都慷慨解囊。他有个学生，1957年被定为大右派。他的生活由他那个右派学生的夫人来帮助照顾,后来学生的夫人自己也老了,王先生的晚年生活无人照顾,很惨。老了以后,闲着没事,写打油诗。认为自己水平不够打油,只是打水,自称"王打水"。我与他写过一些打油诗,称他为"王打油"。

王世强的老师是北师大的一级教授傅种孙。傅先生研究数学,自己读书,在上初中时就对几何学产生浓厚的兴趣,并写出几何学方面的论文。他研究罗素的数学和数理逻辑,并将其翻译成中文。在翻译过程中去英国访问考察两年,回来后讲罗素的数学、几何学思想方法,即公理学方法。这种思维方法,中国几乎无人知道,他是最早引进数理逻辑的人,并且培养出很多一流的数学家,包括钱学森、段学复、闵嗣鹤。

我与夏威夷大学历史系的陶天翼先生私交很好,曾经一起唱刘半农的《叫我如何不想她》和《珍重再见》。陶天翼的父亲是陶百川,老国民党员,曾经主编《中央日报》。我将自己的回文诗送给陶天翼先生,陶先生后来转给其父陶百川。陶老先生当时已经九十多岁,读后,感慨地说:"至少有四五十年没有读过这样的东西了。"

我和首都师范大学的齐世荣先生交往了一辈子,但他不理解我的兴趣。有一次去武汉开会,会后主办方招待我们去庐山。我和齐先生在车上并排坐,一路聊天,聊了四个多小时。他最初不理解我搞中国传统的东西,为什么同时下大功夫去研究西方哲学史,也不知道我何以对训诂音韵等小学有如此大的兴趣。

2003年,历史学界和哲学界的学者在杭州开会,他们哲学界的觉得我对希腊哲学感兴趣,就与我建立了学术联系。上海社科院的范明生先生把他和汪子嵩、陈村富、姚介厚写的《希腊哲学史》送给我,我下功夫读了。范先生和我年龄差不多,头发是黑的,但已经耳聋了,我打电话给他,他听不见,而我手抖,写不了信,所以我们断了联系。

我的第一本书在湖北出版。武汉大学开会,请来一些学者,其中一位湖北大学的老先生,叫刘先枚,很风趣,对我说:"你生而不有,为而不恃,是谓玄德。你就是刘玄德!"他这样的老先生对古书非常熟,背了很多,我比不上。

北师大历史学院的同事瞿林东对我说:"您写的文章,比如,有关印度的,有关《尚书》的,能有几个人读?能有几个人读懂?而您写在《文史知识》上的浅显的文章,有很多人读。"的确是这样,我的研究领域不是"显学"。

我写的有关"以史为鉴"的文章,请邵东方带给美国普林斯顿大学的余英时先生和斯坦福大学的墨子刻(Thomas Metzger)先生,他们都治中国思想史,却没有反应。后来我那篇有关《老子》的文章就没有给他们,估计他们看了也会头疼。我如果没有学习黑格尔哲学,不可能写出有关《老子》的文章。我的情况正如余嘉锡先生对自己《四库提要辨证》的评论,他说:"余之略知学问门径,实受《提要》之赐,迨至用力之久,遂掎摭利而病为书。习惯使然,无足怪者。"

我在上高中和大学的时候,读了很多先秦诸子的书。我床里边一侧,放的都是先秦诸子的线装书,我有空就翻翻。现在有人说我"十多岁熟读诸子",我说,"十多岁"不假,但把"熟"字去掉就准确了。我对韩非的看法,有过几次变化。最初学作古文的时候,背《韩非子》,认为他有非凡的雄辩能力,后来读了郭沫若的《十批判书》以后,对韩非的看法一百八十度大转弯,因为他为秦王的专制服务。后来又读,有了一些好感,以后又开始厌恶法家。后来,中国人民大学的宋洪兵,成立法家研究会,提出由法而德的想法。我与他联系,并建立了很好的关系。宋先生充分肯定法家,认为法对社会有积极的作用。我认为,法家对秦的统一的确起着重大作用,但只强调法,甚至走到极端的地步,使人们感觉到法不行。儒家的德政更重要,孔子讲,"道之以政,齐之以刑,民免而无耻;道之以德,齐之以礼,有耻且格"。其中,"道之以德"就有相当大的包容性,"齐之以礼"就包括了法,礼法是相互联系的,所以德比法好。中国的"民本"思想如果能真正贯彻,是相当可爱的。先秦诸子中，孟子虽然好辩，但远不到韩非的水平。荀子很深刻，但在理论思维方面，韩非更强，他的《解老》《喻老》尤其深刻。

我学《资本论》比一般人深得多，因为我有黑格尔哲学作为基础。没有学过黑格尔哲学而读《资本论》，最难的是第一卷第一篇关于商品二重性和劳动二重性的内容，这完全是黑格尔式的。我理解得快，这也是读书的效率的体现。我读马克思的东西，是非常认真的。我有英文的、俄文的《资本论》，没有德文的，只有德文的《马恩选集》。

北师大中文系研究训诂学的王宁教授，是陆宗达先生的学生，属于章太炎、黄侃一派。我经常和她讨论训诂方面的问题，也帮着指导她的博士生。

我在故宫工作的时候，认识了一位画家，叫黄均，字懋忱，擅长诗词。他有一次带学生去怀柔写生，看到一个景，出了一句诗，"湿云如梦数峰寒"，让学生对下句。老先生很喜欢这一句，但没有人对上。我觉得很遗憾，就作了四首辘轳体，每一首都有这一句，它分别出现在第一句、第二句、第三句、第四句。前两首用"寒"字韵，平韵，第三首就必须要变仄韵，因为这句是第三句。晏殊非常喜欢自己的句子"无可奈何花落去"，多次把它用在他的诗词中。

北师大的德文专家张天麟先生和季羡林先生是同乡，但他们相互不太往来。张先生曾在国民政府中工作过，在国外写信给周总理，表明有回国的想法，周总理表示欢迎。张先生回来后，任北师大图书馆馆长、教育系教授。1957我从他学德文，他非常尊重我，从来都用德语称呼我 Herr Liu（刘先生），这是尊称。1987年我去美国之前，去他家看他。进到他家，张先生已经病重在床，见到我时，用德语和我说话，但我听不懂。我告诉他我去美国半年，来和他告别。我从美国回来时，他已经去世了。

谈晚辈

我从1986年开始给研究生讲中西历史比较的课，后来北师大出版社要出版我的讲稿，我一直不同意，因为问题还很多，到现在也没有出版。别人可以出，但我不能，对自己不能放松要求。

在真理和知识面前，老师和学生是平等的，是相互激活的，因为学生也有老师不知道的知识。老师对待学生的敬意，也是对学术的敬意。老师一定要抓住学生有火花的思想，激活他们，鼓励他们。学生的潜能被激发出来，也能激活老师。有学生探访我，说我谦虚，还问我教学的经验，我回答：我只不过是老实而已，老老实实，没什么谦虚的。

当年邵东方报考我的研究生，我对他是无情而有义。无情，指学术不能徇私情，决不能给他高分以通过考试。有义，指师生之义，他每次提出的学术问题，我都全力解答。

上次你和东方来我这里，我对你们说："凡是我的缺点和固执，你们一定要指出来。我对老师尊敬，对学生也一样平等。这是唐君毅先生教我的。中午想到你们二位要来，很兴奋，都没有睡午觉。"

清华大学的彭林在北师大是赵光贤先生的研究生，我对他和其他所有的人都是平等地看待。他读书非常用功，也是个很有个性的人，但是他和我谈学问很投缘。最近，彭林在清华大学被评为资深教授，清华的文科没有设立院士，故资深教授与院士待遇相同。他昨天来看我，送给我一个礼物，就是他资深教授聘书的复印本。他送我这个礼物，是为了证明以前我对他学术的肯定是正确的。他带了两个学生来，当学生的面感谢我对他的支持和指导。

彭林很早就对文字学产生兴趣，用功抄写《说文》，后来当老师讲古文字的课，能够让学生对枯燥的古文字着迷，很不简单。他做研究生论文时，想做《周礼》，但赵先生不赞成，白寿彝先生也不赞成。彭林征求我的意见，我认为可以做，因为《周礼》存在的很多问题都没有解决。我告诉他，孔颖达解释《十三经》时，有证据的，就采用前人的说法，没有证据的，他都用"知者"两个字引出他知道的缘由。我一看到"知者"，马上就集中精力，仔细阅读他一层层分析的道理，看孔颖达是怎么做学问的。彭林把我的这番话，记了几十年。他写回忆录，说道，"如果没有刘先生指点的话，我不可能取得后来的进步"。昨天我告诉他，赵先生批评过我，说我"佞郑"，迷信郑玄，迷信汉儒。赵先生和白先生受到"五四"以来学术的影响，尤其是疑古思潮的影响，而我处在疑古之后的时期，受到钱穆先生的影响，重视清代学术，重视汉代学术。所以，我认为，我们研究"三礼"，不能不读郑玄和汉儒的注释。彭林说，我对他的影响大于赵先生的影响。我觉得他能把学生对古代史的兴趣激活，很不简单，而他对他学生说，"我是刘先生给激活的"。有人把彭林看作另类，但我肯定他的学术。我做人的原则是与人为善，一视同仁。

我和彭林一起去韩国开会，他在台上发言，我在台下微笑着听。会后，他说看到我微笑，心里不停地打鼓，问我为什么微笑，我说我在欣赏。他有他的观点，我表示欣赏就得了，不必非要做出评论。

我第一次去新加坡访问时住在你家，我们聊到晚上十点多。睡觉前，你把我房间的空调打开，调至不太凉的温度后离开。你刚走，我就将空调机关上了，因为受不了空调风。后来我告诉你，如果当场拒绝主人的好意，有不敬之嫌，但主人离开后，自己再关闭空调，则符合做人礼仪的道德观。

蒋重跃做我的博士生的时候，研究《韩非子》，问我有关"道"

和"理"的问题,我说:"老弟,作为你的老师,我向你道歉,我现在没有能力回答。"我这不是谦虚,而是实话实说。他的问题压在我头上十多年,后来我们一起研究,解决了这个问题,我是借助黑格尔解决的。我对他说:"谢谢你的提问,否则我也不会着手去解决。"

我和刘小枫教授二十年没见面了,前些日子他来看我,我们聊了很久,主要是争论。他在研究谶纬,认为谶纬里面有很大的学问。他过去做了大量的翻译西方学术成果的工作,后来对谶纬产生兴趣,这种转变很像清末的廖平。

陈宁老弟,你每次到我这里来,我都非常兴奋,你就是"客"。你我这样的对话非常有好处,你的问题引起我思考,将我心里埋藏着的东西激活,这样可以使自己的认识更加深一层。这是逻辑理性在起作用。我们自从1983年认识以来,就一直有密切的来往,彼此了解对方。我们每次谈话,都是一件享受的事,这是历史理性在起作用。你也给我带来知识,我们是教学相长,体现的是真正的师生关系。咱们两人,相互"知其人"。你了解我,我也了解你。我对你如果不是"知其人"的话,也不会找你合作写东西。你我的关系很像我和唐君毅先生之间的关系,可惜我和唐先生相处的时间太短。

我曾对你母亲讲,你是我这种类型的人:没有功利的想法,不适合现实生活，但适合做学问。我对许先生也说过："陈宁这个人很像我。"你我今天能够在一起做事，是有内在原因的。

我们俩共同做中西比较的事，都是你情我愿。我现在杂事少了，你时间也自由，正好可以一起做事。你我"狼狈不为奸"，境界崇高。你是北师大的校友，你我一起完成这个研究，是对母校的贡献。另外，对你的许（倬云）老师来说，也是一种慰藉。

老弟，我在晚年能够有你帮助，是上天的恩赐。现在在中国，能够真正了解我这个人和我的学术的，只有你。这本中西比较的书，很多工作是你做的，没有你，就没有这本书，当然，没有我，也没有书。这是我们俩共同做的。我在序中会写我们两人亲密无间的友谊及经历，我们是师生，同时也是好友。师生是客观事实，我们师生之间也是互相激活，没有我激活你，没有你激活我，这本书也不能完成。我的收获比我原来想象的还要丰富。每次见到你，都感到非常愉快。

你我谈话，谈着谈着就谈出了新话题，就引起我的思考，就激活了我脑子里的一些暗藏的东西，正如《老子》说的"动而愈出"。

老弟，咱们俩做的这个研究，也是学步的过程，是你我互为拐杖的学步过程，你是我的拐杖，我是你的拐杖，你缺我不行，我缺你也不行。从比较方面说，我们能够合作，关键在于我们之间有同有异。如果咱俩完全一样，就不需要对方；如果咱俩完全不一样，咱们无法对话，见面只能喝杯茶就走。从一多方面说，咱俩共同做这个研究题目是一，你我是多。静动方面，我们讨论某一个问题，这问题的题目是静的，而我们讨论的内容是动的。希腊哲学讨论了这些方面，给后人留下丰富的思维遗产。这不是中国的"义理"能够比的。

历史是存在于关系中的，你我的历史也是关系，我们的关系由浅到深。你到师大上学，我们就有了关系。

老弟，今天你给我当了半个小时的老师，告诉我中国五声音阶除尽除不尽的知识，我只能听，因为我不懂。

老弟，我现在给你打这个电话，是因为昨天我们的谈话引起我的思绪，半夜有了心得，我怕忘记，今早马上打电话告诉你。昨天你提及德里达两个对立概念组成一个对子的观点，我联想到中国也有类似的情况。《老子》和《易》是一对，都谈阴阳，但《老子》偏重阴，《易》偏重阳。《孟子》和《荀子》也是一对，柏拉图和亚里士多德也是一对，拉斐尔的名画《雅典学院》中，柏拉图手指天，亚里士多德手指地，是最好的体现。古代中国和古代希腊也是一对。我半夜想到这些，思想像泉涌，兴奋不眠。老弟，请你记下：2018年2月8日，陈宁激活了我。你我之间对话的过程，就是相互激活的过程。其实，我们早就已经不再是单纯的师生关系了。

你的其他老师可能把你看作学生，但我把你既当作学生，又当作朋友。在匹兹堡的时候，有一次我们一起去 Schenley Park 遛弯，聊的时间过长，回来时遇到雨，衣服都淋湿了。我第一次去新加坡时住在你家，第二次去新加坡的那半年，我经常去你的办公室，你也常来我的办公室，下班后来我家，每次在我家，金老师都准备冰激凌。在新加坡国立大学，中午我们一起去买饭、吃饭。我们的关系更是朋友，是同事。我们有感情上的关系，还有学术上的关系，很是难得。[1]

你我每次见面谈话的时间总是感觉很短，转眼就到点了，正如爱因斯坦对相对论的解释：与一位漂亮的女孩同坐两个小时，你会觉得似乎只过了一分钟（When you sit with a nice girl for two hours you think it's only a minute）。

---

[1] 1997年刘先生第一次去新加坡参加国际儒学会议时，住在我家。先生有午睡的习惯，我准备让先生休息，但这时话题转到中国传统中数字的意义。先生说他能够把握数字一、二、三、五、六、八、十的含义，因为这些数字与阴阳、五行、八卦有关联，但是不理解十二的含义，虽然这是地支的数字。我表示十二也许与自然音律有关，音律音阶上有十二个半音。先生听罢，为之一振，困意全无，兴奋地说，今天他解决了一个多年来困扰他的问题。我很后悔在他午睡前提起那个话题，影响了他休息。

谈江南大学

在江南大学的两年（1947—1949），对我的人生来说，其重要性就像欧洲的文艺复兴时期。过去学的一点东西，在江南大学不觉怒放。新学到的东西，为后来的研究打下了基础。没有在江南大学学习的经历，就没有我后来的知识结构，包括文字学、文学、历史、逻辑学、哲学、数学、经济学、政治学。

第一年在荣巷附近，荣家私人住宅在荣巷。第二年在后湾山，位于梅园与小箕山之间。后湾山有两个立柱，柱子之间是吴稚晖写的"江南大学"四个字。梅园是荣家的私产，但开放为一个公园，种满了梅花。梅园的最高处名叫"念劬阁"，出自《诗经》"哀哀父母，生我劬劳"。一部分教员住在一个小山坡上，附近有个阁，叫"诵幽堂"，字是李瑞清写的。李瑞清是江西人，清朝的进士，曾任两江师范学堂监督，这个学堂就是中央大学和南京大学的前身。辛亥革命以后，他效忠清政府，不剪辫子，去官印，号"清道人"，在上海卖字为生。

江南大学的创办者荣德生先生是无锡人，荣毅仁的父亲。开学时上台讲话，口音很重，北方学生根本听不懂。江南大学处于南京和上海之间，荣家花大钱从南京、上海聘请名教授。唐君毅先生和牟宗三先生原先都是中央大学的，钱穆先生是从云南大学过来的。江南大学文学院有四个系：史地、中文、外文、经济。哲学没有设系，是文科的必修课。除唐君毅先生教哲学外，好像没有其他老师教哲学。唐先生还担任教务长。

我是和学长李赐一起去江南大学的，我们徒步走到渡口坐船去鼋头渚。在路上遇到一辆黄包车，唐君毅先生坐在里面。唐先生与李赐都是四川人，相互认识，唐先生与李赐打招呼。君毅先生虽然已经付了黄包车的全程费用，但下车与我们一起徒步去渡口。李赐把我介绍给君毅先生，告诉他我是江南大学的新同学。我们三人一起上了一条小船，君毅先生付的费。到了鼋头渚下船后，先生请我们吃饭，点了活鱼，并给我夹菜。我不好意思说我不吃荤，只好硬着头皮吃。后来我才告诉他我吃素，他说我当时应该告诉他，并做自我检讨。

有些教员住在荣家的宅子里，包括钱穆先生、唐君毅先生和牟宗三先生。钱先生住二楼，我去过钱先生家很多次。不知道荣德生先生就住一楼。唐先生也住一楼。

我对中国文化有深厚的感情，但也充分认识到传统的不足，所以我尽量地掌握西方的知识。我小时候读书，读古文，不分经、史、子、集，到了江南大学，我认识到，历史学是无所不包的，所以选择了历史专业。学术上我是第一次睁开眼睛，对知识的饥渴非常强烈，到了疯狂的程度，大量地修课。那时每门课的参考书不多，我主要是听课，凭借记忆力好，学了很多知识。

每学期上七八门课，还旁听了一些课，主要是因为求知欲望。江南大学最近联系我，说我当时上课的成绩记录仍然保留着，这很难得。我那时选修了商周史、秦汉史、中国通史、世界通史、中国近代史、世界近代史、西方的哲学概论、政治学、经济学、逻辑学、中国文学史、文字学、数学，等等。但成绩不好，最低60多分，最高80多分，大多数是70多分，数学74分，英文65分，商周史87分。微积分课使用的是英文课本。这些课的老师，我都记得很清楚，用的什么课本，也记得。我除历史专业之外，对其他很多学科、领域都有浓厚的兴趣，想读的书太多而又没有时间读。

讲政治学的是钱清廉先生，他是商务印书馆出版的"大学丛书"的编委，是位名家。他任国民政府立法院的"立委"，在江南大学教了一段时间就走了。他用的教材是外国通用的《政治科学与政府》(Political Science and Government)，我知道了西方宪政大概的历史，英国的、法国的、美国的不同制度，这些对于了解外国历史是非常重要的。

教经济学的老师是胡大猷，他用马歇尔的《经济学原理》，这本书在美国出了四十多版。当时有中译本，但胡先生在黑板上写的大纲是英文的。他用中文讲课，但涉及经济学名词时，他就用英文。我上这门课，明白了经济学的一些原理，比如生产三要素、股票市场、股息、银行利息、边际效应、通货膨胀等，这对了解西方很有用。股票市场一定要透明，上市公司的经营状况要公布，人们才得以公平交易、机会均等。技术要保密，但经营要透明。西方政治的民主性移植到经济领域。在这基础之上，我读了亚当·斯密的《国富论》。这些经济学知识为后来我学习马克思主义作了一定的铺垫。学习西方历史，只注意古代而不了解近代，就通不下来。

教我们近代史的郭廷以（郭量宇）先生，写过《太平天国史事日志》。他是当时国民政府教育部在南京的一个司长，后来去了台湾。他给我们上课时，穿的是西装革履，头发梳得整整齐齐。但是，他不善于讲课，总是磕磕巴巴的。他讲英国使臣马戛尔尼访问乾隆皇帝，应该是很生动的故事，但他讲得不精彩。钱穆先生是文学院院长，有一次，他询问我学生对老师的评价，我将同学们对郭先生的看法告诉了钱先生。钱先生听后用无锡话回答："是专家，是专家。"后来我去唐君毅先生家吃午饭，我将钱先生对郭先生的评论告诉唐先生兄妹，他们听后大笑。我一脸茫然，不知为什么。

唐至中先生心直口快，用四川话对我说："刘家和，你连这个意思都不懂？你想想，是专家，不是什么嘛？"我这才明白，专家不是大家。钱先生没有否定郭先生，专家毕竟不是贬义词，但钱先生做了规定，专家当然比不上大家。唐先生是学哲学的，熟悉斯宾诺莎"规定即否定"的哲理，所以大笑。

教我们先秦史的束世澂先生，讲三代时期的农业，谈到"火田"，认为其指火烧农田的秆。我提问，"火田"是否可以有另外一个解释："田"也可以作"田猎"讲。他并不反驳我，老一辈的学者对学生的无知是很大度的。

我上大学一年级的时候，唐至中先生后来的丈夫（当时他们还没有结婚）教过我们国文，他讲过《易经》的"筮法"，我想，孔子说"不占而已矣"，我就没有认真学，后来就忘掉了。唐至中先生教国文课，给我们讲过几篇文章，有《尚书·秦誓》《史记·淮阴侯列传》《礼记·乐记》，讲得非常生动。她经常从哲学上的正反两方面来分析，比如，礼和乐是相互需要的，同时也是相互对立的。她让我们写一篇有关《淮阴侯列传》的分析，我得出政治太黑暗时，只有流氓才能成功的结论，她给我很高的评价。她让我们写作文，题目是《理想的国家》，我认为，美国是政治平等，苏联是经济平等，这二者如果能结合在一起，就是理想的国家。结尾时，我说，理想就是理想，理想不是现实，一旦理想成为现实，这个理想一定不是理想，而是现实了，理想还在前面，人类永远在追求理想。至中先生很喜欢，她让君毅先生看，兄妹二人认为我能够用概念来分析理想,有一定的哲学思考能力。

中文系主任李笠先生给我们讲陶渊明的《祭程氏妹文》,他让我们填写"白云( )晨,长风悲节"括号中的字。有人填"清",有人填"早",我填"出"。李先生对我的评论的大意是,填动词是对的,但"出"表达的是一个小青年的心情,白云在早晨阳光的反映下的场景与陶渊明当时的心情不符合。正确答案是"白云掩晨",云把晨光遮住了,这是作者心里在哭的场景。这对我的启发非常大,从此以后,我读诗词就学会注意作者的心情,还读了唐圭璋的《词话丛编》,这对我写诗词时炼字炼句很有帮助。

唐君毅先生讲两门课:"伦理学"和"哲学概论"。前者介绍中外伦理思想及其异同,后者介绍哲学的类型——本体论、认识论、方法论,将各个哲学家的重要论述放在这些类型中介绍。我现在仍然记得他讲的一些内容。他说:严格地讲,如果本体论只讲"是"论,中国当然没有本体论;如果本体论包括了宇宙论,那中国当然有。这两门课学下来,我对哲学纵向的发展和横向的延伸有了比较清楚的了解。讲认识论:理性主义(古希腊哲学家、莱布尼兹、笛卡尔),经验主义(培根、洛克、贝克莱、休谟、美国的实用主义者等),批判主义(康德),可知论和不可知论。我开始听课时,跟不上,因为名词太多,概念不清。我努力排空自己,使头脑无杂念,能够集中精力听讲,即荀子讲的"虚一而静"。我全神贯注跟着老师走,稍有走神就跟不上了。我当时上大一,还算是个小孩,但听到后很感动,他上课讲的东西,我听一次感动一次。我上他的课，认真记笔记，因为很多东西还不懂，必须下课后消化。上钱穆先生的课，我不记笔记，因为不难懂，只要记在脑子里就行。

君毅先生教我哲学，他妹妹至中先生教我国文，所以我经常去他们家，也常被留下吃饭。唐先生兄妹每次都特地给我炒两个素菜，一个是韭菜炒豆芽，一青二白，很好吃，另一个不是豆腐就是鸡蛋。饭后，二人带着我和其他同学一起出去散步，周围的风景非常美。

最早听钱穆先生讲课时，发现他极力推崇周公，我当时不以为然，因为我没有好好读过《尚书》。后来认真读《尚书》，尤其是《周书》，才体会到周公确实伟大。钱穆先生让我知道，研究古代史，必须从阅读清朝学者的著作开始。我年轻时读了些先秦诸子的书，向钱先生请教问题，先生反问我，《老子》和《庄子》的年代，谁在前？我回答，《老子》，因为《老子》中无庄周，《庄子》中有老聃。钱先生听了，鼻子差点气歪了，认为我这个十八九岁的小毛孩读书太少，让我去图书馆借他的《先秦诸子系年》，看完后再找他。我读完后又去见他，他问我有什么体会，我说，研究先秦诸子，离不开考证吗？他回答，当然离不开考证，而且必须要知道清人的成果。钱先生是第一位让我注重清人著作的人，第二位就是陈垣先生。其实他们两位所讲的，都在张之洞的《书目答问》里面。后来我治中国古代史，有点底子，与这两位老师的教导分不开。

我在江南大学读书真是非常幸运，唐君毅先生教我们哲学，告诉我们怎样"上楼"；牟先生教我们逻辑学，教我们怎样使用"梯子"。唐先生在课上说：学哲学是没有什么用处的，只是帮助思维；学哲学不能依靠经验来思考，只能用逻辑来思考。我上了唐先生的哲学课，又上牟先生的逻辑课，二者相得益彰。我对逻辑有兴趣，是因为对几何学有浓厚的兴趣。刚开始听牟先生讲逻辑，完全听不懂，上了几堂课以后，认真听，掌握概念，就开始明白了，因为逻辑与几何学的道理是一样的。我清楚地记得牟先生讲抽象的过程就是舍象的过程，他说："一有抽象，便有舍象。"抽走的是共相，舍下的是殊象。前段时间，在网上查到了牟先生的这段论述，说明当时我留下的记忆是准确的。牟先生讲黑格尔的纯有与纯无的概念，符号逻辑也是从牟先生那里知道的，从此我一直沿着这条路走下去。

牟先生讲完阮大铖作诗的故事（"虾子鱼儿无一个，只扳月亮两三罾"），夫子自道，他自己小时候也很笨。看的报纸，都是竖排版，内容排不下就得转版，凡是转版的，他都找不到。他在书里说，只有笨人才能学逻辑，自作聪明的人不能学逻辑。牟先生的意思是，要善于思考，用逻辑去思考。唐君毅先生也是大智若愚，生活中的很多事都不知道，因为他的心思不在那里。

在江南大学，早饭我有意吃得很饱——五根油条，一碗粥，为的是中午不饿，能够集中精力听课。下午上牟先生的课，晚上重温、反刍。

那时，我经常看到唐君毅先生的房间里放着一本斯宾诺莎的书，它是打开的，扣着放的。他当时在写关于王夫之的文章，但斯宾诺莎的书一直扣着放在那。我注意到，读过的那部分越来越厚，这说明他经常在读，只是每次读几页而已。读哲学书，不能求多，太多的话消化不下，效果不好。

唐先生和牟先生是很好的朋友，终身的朋友。唐先生对政治兴趣不大，而牟先生身上儒家的传统很明显。他忠于国民政府，在中央大学讲课时，左派学生轰他，所以唐先生就把他请到江南大学。后来君毅先生去了香港，牟先生去了台湾。钱穆先生也去香港，临行时，我去送他，顺便将他的《中国近三百年学术史》还给他。他走到楼梯口，忽然问我："你看了吗?"我老老实实地回答："没有看。"钱先生说，"这书就送你了"，但是没有签字。后来我离开南京时，这本书丢了，不过，幸好没有老师的签字，否则太对不起老师了。我当时有一麻袋书，包括很多线装书，都放在一个同学家里，后来我在北京居住，那同学就把书处理掉了。那些书是我在无锡和南京地摊上买的。

我想，我的老师唐君毅先生如果还在的话，看到我在研究和教学方面做出点成绩，一定很高兴，至少他的妹妹至中先生看到了。我把《古代中国与世界》寄给她，她女儿写信告诉我，她妈妈一直把那本书放在枕头旁边。至中先生自己因为健康问题，没有继续做研究，但她看到他们兄妹教出来的学生能取得成绩很欣慰。

唐先生资助李赐上学，李赐帮唐先生抄写稿子，唐先生不但付给李赐报酬，而且每次都郑重地表示感谢。唐先生的为人给我树立了活生生的榜样。1948年3月15日，江南大学学生在听讲演，会场是临时的工厂，当时春雨绵绵，房子的一部分突然倒塌，讲演者马上就离开了，唐君毅先生留在那里，疏导学生离场，不顾个人安危，这是圣人啊！我当时在场，后来与我的同学谈及此事，他们都不记得了，而江南大学有档案记录。如果没有唐君毅先生对我的教育和为我树立的榜样，我不可能对学生这样地以礼相待，平等看待。唐先生使我真正体会儒学：敬，就是要敬所有的人；做仁人，就是把所有的人当人看。

我写《忆先师唐先生君毅》一文，结尾段用文言文，我感觉不用文言不能充分表达我的感情。我引孔子语"君子无终食之间违仁，造次必于是，颠沛必于是"，对此，我说"先生以之"，但唐至中先生改为"先生有之"。其实，我写"以之"是有根据的。范仲淹的《严先生祠堂记》，盛赞光武与严先生的关系，说《易经》爻辞"不事王侯，高尚其事"一句，"先生以之"，即严先生做到了；而爻辞"以贵下贱，大得民也"一句，"光武以之"，光武帝做到了。范仲淹评论:"微先生,不能成光武之大;微光武,岂能遂先生之高哉?"据说,严子陵是汉光武帝年轻时的好朋友,光武帝当皇帝后,请严子陵进宫叙旧,两个人同睡一张床。第二天,太史上报:"有客星犯帝座。"光武帝笑了,说:"昨天我与老朋友在一起睡觉,他的脚放在我肚子上了。"像《严先生祠堂记》这样的文章,能够改变人的气质。

在江南大学上一、二年级时,我常与同窗好友一起在太湖边上听一些曲子,比如《科罗拉多河上的月光》《托塞里小夜曲》《燕双飞》等。后来回忆当时的美景,写下"山上清风河畔月,同窗旧梦故人情"的诗句。七十年后,与我的学生重听这些旧歌,歌词仍然记得,记忆大致不差。

谈做人

《中庸》说:"诚者,天之道也;诚之者,人之道也。诚者,不勉而中……"《孟子》言:"诚身有道,不明乎善,不诚其身矣。"天之道是有诚信的,因为四时变化是肯定要来的,也是明确的。人也要诚,能做到诚,才能够明,先诚后明。我不管天道如何,我只重视人与人之间的关系,以诚为本。

我的"上帝"就是良心与真理。我每天都与我的"上帝"对话,用英文的祈祷文说是,"卑微的仆人"(your humble servant),检查自己是否违背了真理和良心。我不信仰基督教的上帝,也不信佛教的佛和菩萨,只信仰真理和良心。

求知的动力从哪里来?希腊哲人认为是好奇心。现在很多人开始很努力,评上教授以后就松懈了,这明显是有功利性质的。我等于是六十岁退休后又干了三十年，到现在九十岁仍然没有放松，原因就是陆游说的"放翁百念俱已矣，独有好奇心未死"。

有一次，八十九岁的林志纯（日知）先生给我打电话，我们聊了一会，他说："我的电话号码换了，你的电话号是多少？"我发现林老先生有点糊涂了，但我没有做任何说明，将自己的号码报给他。

我曾经翻译一篇俄文的关于印度的资料，林志纯先生看到后，觉得俄文本不好，他找到一个英文本，并且做了翻译。但是，出版的时候，他仍然署名刘家和翻译，我认为不应该这样，我就打电话告诉出版社，让他们将翻译者更正为林先生。

我这次得到东北师大的"日知世界史奖"，我想捐出去，与一个朋友商量捐给谁。捐给东北师大很有意义，因为我是在那里开始我的世界古代史研究的，但是如果捐给他们，他们不会接受，认为是被打脸。如果捐给北师大，东北师大肯定还是有意见，他们是奖给我的，怎么到了北师大手里？朋友对我说，捐给谁都不合适，因为还有其他人获奖，我捐出去，别人怎么办？你不能这样清高。他这样说也有道理。突然遇到小儿子得病住院，这笔钱一下子就用完了。

我没有电邮，也没有微信，我不敢使用，因为来问我问题的人会很多。如果拒绝人家用电邮和微信问问题，那就得罪人了。

我每次大会发言时，都要注意避免得罪人。问题不能讲得太深，否则大家听不懂，也不能批评学术界的一些现象，否则打击一大片。我不是一根棒子，不打人；也反对别人拿我当作棒子，去打人。当前学术界很多人的水平不够，这不是他们的错，而是历史环境的责任。我是半封建半殖民地时期过来的知识分子，小时候上私塾学古文背诗词，上教会学校学英语，上大学接受西方哲学和逻辑训练。这些条件，今天的学者都不具备。

在新加坡时，航运大亨曹慰德先生对我很热情，多次请我们夫妇去他家做客。他对中国文化很有兴趣，并计划写书，所以他想聘请我做学术顾问，待遇很丰厚。我没有接受，因观念不同。

追求名利必然带来烦恼。当官在上，春风得意，一旦下来，心理承受不了。我今年（2017年）已经八十九岁，也算长寿，因为不追求物质，不追求官位，所以内心很幸福。尊重自己，尊重别人，无心理负担，天天沉浸在对知识的追求中。

在一次国际会议上，我谈殷周关系，涉及周人在殷商时代是否称王的问题，其实这是既可以证实，也可以证伪的。但是，我没有从理论方面讲，因为与会者都是考古和历史方面资历很深的学者，有些甚至参加过殷墟的发掘工作，而他们对西方哲学的方法不太关注，我如果讲证伪理论，则对他们不尊重。证实是经验的，证伪虽然离不开经验（比如，天下乌鸦一般黑，只要看到一只非黑的乌鸦，此判断就被证伪了，从而不成立），但更主要的是逻辑，因为"天下乌鸦一般黑"在逻辑上是个全称肯定判断，从经验上以一只非黑的乌鸦就可以推翻这个全称肯定命题。历史学科也应该依靠证实和证伪的理论。

前几天学校的领导来看我，表示对院士级文科资深教授的关心。他告诉我，我可以随时向学校要车，可以召开九十岁生日祝寿会，等等，但是，我说我只关心学术方面的事。他很重视人文学科，尤其是历史。他把历史学比喻为高原上的山峰，山下最低处都高于海平面，因为山的基础就高。我赞同这个比喻。研究历史，一定要有又高又宽的高原作为知识的基础。我的"原"有，但"峰"没有。我搞中国汉学，无法超越清代学者，或许一两点上超过了。唯一可以建立高峰的方面，就是中西比较。希望能在这方面有所建树。

"夏商周断代工程"，我是评审委员，参与了工程的一些活动。当时学术界分两派，相互争论得很激烈。我持中立的立场，但给予双方的观点充分的肯定。我对工程的主要负责人说，项目值得进行，但千万不要把目标定太高，如果能够达到某一高度就很不错了。西方确实很成功地建立了一些古文明的年代表，但他们所掌握的资料与我们的不同。在近代考古发现之前，两河流域、埃及、近东的文明早就断裂了，希罗多德时代对东方的了解就像是梦一样缥缈。近代的考古发现，出土了当时的王表，而且是很多种王表，记录每个王在位的时间。这种情况就像是一只断了线的风筝，虽然它与今天之间的线断了，但王表本身还是一只完整的风筝，风筝中各部分之间的关系还在。除王表以外，考古界还发现其他有价值的东西。利用这些出土文物，西方学者进行了长期的研究和争论，目前在年代学上基本达成共识。就中国历史而言，虽然在共和元年之后，我们有干支纪日表，但我们手里只握着自共和元年以来的风筝线，而没有风筝。这段风筝线，也不是没有问题的。干支纪日，六十天一个周期，以公倍数向前推算，错一个周期就差很多年，《春秋》与《左传》就对不上。出土的材料也有问题，并非拿来就可以用。我同意断代工程，是因为通过各方面的努力，我们或许能够解决一些问题，但不能奢望太多，毕竟我们的条件与西方的不一样。我这个折中的意见，绝不是"和稀泥"，而是本着实事求是的态度讲的实话，所以在工程上观点对立的双方都能接受。参加工程的李学勤先生、张忠培先生、俞伟超先生等人，与我的私人关系都很好。

年轻人喜欢到我这来，我与他们谈话没有长幼之别，而且喜欢开玩笑。何兆武先生的学生彭刚评论说:"何先生是天上的云。"我问彭:我是什么?彭说:"您是地上的火。"我开玩笑地问:"你的意思是何先生与我有天壤之别?"

人与人的友谊,是深层结构上的,而不是表面上有关利益的。我在新加坡交流最多的,是你。去你的办公室的时候不多,因为你开冷气,温度我受不了。吃午饭时,咱俩经常在一起,谈得多高兴啊!

北师大历史学院院长杨共乐教授说,北师大历史系有三代学者:第一代的陈垣先生,传统根基之学;第二代白寿彝先生,贯通之学;第三代刘家和先生,中西会通之学,纵向贯通,横向贯通。这样说,我实在不敢承当。陈老的根基之学和白先生的通史之学,绝对名副其实,我则还需要不断努力工作。

北师大历史学院的刘林海来我家,我给他背诵《正气歌》,他很惊讶我能背下来。我告诉他,这是抗战时流着眼泪背的,至今记忆犹新。

我写东西的时候,一定要先有一个自己否定自己的阶段,再写出来。我记得余英时先生曾经提到过,杨联陞先生对他说:写文章,你要先离开你自己,从八个方面给自己出难题,都能够回答后再发表。我和杨先生的做法完全一样。做文章就是做人，不能不管自己的缺点。

对于有些人，话不投机半句多。与他们交流，你只能赞同他们的看法，如果提出相反的意见，他们就将你视为对立者。我对人是敞开的，欢迎各种意见，不同意见可以促使我思考，这样的话，受益者是自己。

我的很多打油诗是自嘲的，为了化解我心中的压力。我在国内史学界，总是受到一片夸奖。我接触过三代的学者，老辈先生中赞扬我的人很多，同辈也是，青年学者也同样。在这样的情况下，我是非常容易变糊涂的，变得不认识真我。我写的《太抖》诗，最后两句"洗尽铅华真我见，庶乎无愧且心平"，就是说要时刻认清楚自己。

信仰真理和良心的话，对别人就要怀有敬意，尤其不能低眼看人。首都师大的邹兆辰做人物访谈，数次采访我，他说，刘先生对专家权威很尊重，对一般人也同样尊重。他这一评论是对的。他称我用"您"，我也用"您"称呼他，虽然他是晚辈。我对你虽然没有称呼"您"，但心里对你同样是尊重的。敬人、敬己、敬业，本质上都是一样的。

白寿彝先生担任北师大学报主编的时候，武静寰先生做白先生的助手，担任编辑工作。武先生有一次告诉我，他最初不认识我，有次在会上，他向白先生询问我，白先生说："他是谁你都不知道？他是刘家和，是将来成为大专家的人啊！"这是事后武先生告诉我的。

宋朝的道学家迂腐至极，每天填写"功过格"，甚至忏悔说："某月某日与老妻敦伦一次。"将正当的夫妻生活视为"人欲"，这是对"三省吾身"的误解。我反省自己有关人品方面的。别人夸我的时候，我马上反省自己，提醒自己在哪些方面仍旧不行，有待提高。我每天都保持通向我的"上帝"（真理和良心）的路是畅通的。

我的书斋名字是"愚庵"，因为我很早就发现自己在人生上和做学问上是愚的，大学问和小学问上都愚。因为我从小在学习上都被师长夸奖，一被夸奖，就忘乎所以。停滞不前，就糊涂了，愚了，自作聪明，就变为愚。我深刻体会到《老子》的"为学日益，为道日损"的意思，我只有在愚的状态下才感觉舒服些。也就是那时，产生了要注《老子》的想法，这是个幼稚的想法。不过，我觉得我必须站在愚的立场上才可能达到智。这就是"愚庵"的来源。

我写关于陈垣老的那篇文章，为的是宣扬他谦逊的态度和不求功利的精神。我不敢以自己为例来讲这种精神，陈老毕竟是史学大家，是被充分肯定的学者。

我这辈子从未想要追求名利，如果要追求，早就追求了。我从小就是在夸奖中长大的，现在到了老年，仍旧保持清醒的头脑，不能自满，不能骄傲。人如果为了地位和利益而活，就没有价值了。我做我的事，既没有对不起国家，也没有对不起人民，心安理得。

过去用铜钱，一千个串在一起，叫一吊，五百个就是半吊子，半吊子的半吊子就是二百五。我就是个"二百五"，中国学和西方知识加在一起也就是个"二百五"，所以人要谦逊。

我年龄大，在史学界做了六十多年了，所以别人很看重我说的话。针对这点，我说话必须十分小心，尽量夸奖同行的优点，尤其是晚辈的优点，尽量避免指出他们的缺点。如果我说了批评的话，有人会用我的话当作棍子去打其他人。我都是看别人的优点。很多中、青年学者共有的一些缺点不是他们造成的，而是时代造成的。

我发表文章，从不择刊物，不想让名刊物来烘托我，所以我的大部分文章都发表在《北京师范大学学报》上，因为北师大是我的工作单位。

我一直担心自己给史学界带来不好的影响：一个学历史的人同

时涉及其他领域，到处跑野马。我与中、青年学者谈话很小心，又要讲点东西出来，又不能给他们造成负担，否则他们会认为我定的要求太高而做不到。

《老子》四十八章："为学日益，为道日损。"做学问的人每天增加一些知识，修道的人每天减少一些，减少到最后就是无为，无为而无不为。我套用《老子》的话这样来解释：为学日益，而为学之道日损。为学之道日损有两重意思。第一，学习的过程就是改错的过程，每天都改掉点错误就是日损。比如写毛笔字，每天练习，练习过程中改掉不好的地方，慢慢就进步了。第二，在知识层面上每天积累一些，同时自己要反省一些，不能因为知识多了而狂妄自大。知识增长受到阻碍，有两方面的原因：已有的知识会阻挡人们学习新知识；学到一些知识就沾沾自喜，不再追求知识了。《荀子》的《解蔽》里也提出了类似的说法。

《史苑学步》（2019年出版），包括了四个方面：经学与史学、史学的求真与致用、比较研究、通史与断代史。起名《史苑学步》，是想表明我在史学理论方面，一直是在学步，在尝试建立我的知识结构。纯粹的历史研究，是不涉及理论的，我做了几十年，当然不是学步阶段了。胡适先生有《尝试集》，他是大家，我不能再用此名。白寿彝先生有《学步集》，讲他学习马克思主义，与我的不一样。我搞的包括中外历史的比较、史学理论、史学与哲学、经学与小学，等等，这是我涉及的面，这些面就形成我的知识结构。我不敢说这个结构就是对的，只是尝试，永远在学步。

我喜欢作诗，写过很多诗，古体诗、打油诗。但自认为这是无用功。写诗速度也很快，曾经有位友人赠诗，我一个上午写了五首诗回答友人。

我的诗怎么能登大雅之堂？与过去的诗人，甚至近代的高手无法相比。我只不过是在同辈人中可能还算能写一点的，用笔相对来说还比较自如，能体现自己的心情。

我写回文诗，也是出于好奇心，别人能写，我是否也可以写？就试着写出了《夜游玄武湖》十六句。当时我还在南京上学，后来就不再写回文诗了，因为这是文字游戏，没必要再花时间在这上面。

（一）

涟漪起处宿鸥惊，逸籁清歌短棹横。
弦管寓声风细细，画图真境夜莹莹。
娟娟月色秋浸树，滟滟波光冷逼城。
天暮映岚奇巘叠，烟笼柳岸屿回萦。

（二）

萦回屿岸柳笼烟，叠巘奇岚映暮天。
城逼冷光波滟滟，树浸秋色月娟娟。
莹莹夜境真图画，细细风声寓管弦。
横棹短歌清籁逸，惊鸥宿处起漪涟。

曾写一首自嘲诗：执笔人惊呼太抖（泰斗），临文自觉认疏生（书生）。

我一生懦弱，委曲求全，并引《道德经》"圣人后其身而身先，外其身而身存"以自适。

我对中华文化有深厚的感情，但也感到传统文化的弊端。日本侵略中国，凌辱中国人，这使我反思：如果中华传统是优秀的，为何中国人受人欺辱？我幼小的心灵受到强烈的打击。我逐渐体会到，传统的思维方式有很大的缺陷。这就是我对几何学和牟先生的逻辑学那么感兴趣的原因。江南的下午是令人懒散的时候，牟先生的课就在下午。学生除犯困以外，对逻辑学本身也没什么兴趣，而我却非常兴奋地听讲。

我读过的书，边上都写有读书心得，一生积攒了很多这样的笔记。同一本书，多年来反复读，记的笔记也是不同年代的，早期时的字迹很清楚，包括毛笔字，后来的是越来越不清楚。国家图书馆和北师大图书馆表示想要买我的藏书，帮我保存，我说现在还不到时候。

我有很多书斋的名字，其中一个是"二菲逻斋"，"二菲"指的就是以"菲"打头的两个词：philosophy 和 philology，即哲学和语言学。字头 phi 是爱，我爱哲学，爱语言学。

我在八十岁时作诗云："人生曲折胸襟外，学路艰辛意料中。"

谈生活

我现在手抖得厉害，写出的字，比任何密码都安全，没人能认出来，连我自己都不认识。我的眼睛越来越看不清字了，拿着放大镜看都困难。不敢去做白内障手术，万一失败，我什么都看不见了。不做手术，视力继续下降，估计再过不久，我就"瞎说"了。我一生受累，没心没肺。累点好，脑不老。每天做体操——大脑体操。每天上午能够看三个多小时的书。晚上在网上玩电脑游戏、扑克牌。我现在电脑打字经常出错。我有一个学生，叫温玉春，我与他联系，打字变成了"温愚蠢"，这不是污蔑吗？

我现在八十九岁，我发现自己开始有点糊涂了，前两天出了个笑话。因为周五要参加一个文献学的会，我准备了一篇有关陈垣老的稿子，向一位学者借用一下陈老的学术年谱。他说他有很多份，可以送给我一份，并且周五开会时给我带来。我回答说："周五不行，我有个会。"说完我才意识到，他和我开的是同一个会。

我妻子（金德华老师）现在排大便困难，常常要灌肠，我每日观察并且记录她的大便，成为名副其实的"屎学家"，一个"监察御屎"。

我上教会学校时，起的教名是Joseph。我是很感激教会的。辉格教会在我们老家那里办了个医院。我母亲生我弟弟的时候难产，生命垂危，家里送她去教会医院。医生保住了母亲的生命，我弟弟没保住。第二年，我父亲去世。如果不是教会医院挽救了我母亲，我就成为孤儿了。

我1985年去美国访问时，身上只有九美元。在机场准备给加州大学伯克利分校的汉学家吉德炜（David Keightley）教授打电话，通知他我已下飞机，但我不知如何使用公用电话。幸亏有一位热心的美国人前来帮忙，并且将自己的硬币投入电话机，拨通了电话。在匹兹堡访问时，我用取钱卡在机器上取钱，但操作不当，三次后卡被机器吞掉了。

我不吃肉是天生的。我还不会说话的时候，父母给我肉吃，我马上就吐出来。最初我母亲给我做肉松，肉的味道不明显，我还能吃。后来上学了，住校，不可能保证绝对吃素，很多菜都是有荤油的。每次遇到菜里有肉的时候，我都挑出来给同学吃。林志纯先生二十世纪五十年代到北京来，他喜欢西餐，我请他吃，那时我也还能吃西餐里的猪排，也能吃大虾。我结婚以后，姥姥（丈母娘）照顾我，都是单独给我做素的。这样一来，把我惯坏了，以后一点荤的都不能沾了。

我1998年去新加坡国立大学访问了不到半年时间，年底离开新加坡的那天，正是我七十岁生日。

中国古人在观察到一些现象后，很快建立现象之间的联系，给出结论，而很多杂质没有排除掉，这不是科学。马克思也说，一种理论如果不能用数学来表示的话，就不是真正的理论。鲁迅的父亲生病，中医看过后，开出的药方中有蟋蟀，而且是一对蟋蟀，这一对必须是原配的。他父亲三十多岁就去世了。所以鲁迅不相信中医的理论。我也有类似的经历。给我父亲看病的大夫是我们当地的名医，叫吴葆衡，看过病后，没有说出个名堂，开的药也丝毫没有作用。等我父亲去世后，一位南京的西医指出，病因是缺乏维生素B。我父亲去世后，我家里就再也不吃精米精面了，改吃粗米粗面。

我记得小时候，家里来中医，我们要准备研墨，准备纸，中医的字要经过训练，写药方很讲究。

我是个理性和感性都有的人，而且两方面都很极端。我的小儿子脑出血住院，我大儿子要照顾他，又要照顾家里，犯了心率过速，也住院几天。白天我从积极的方面对待这件事，照样读书，写文章，参加会议，与学生聚餐，饭桌上还表演吹口哨。我那篇纪念陈垣先生的文章就是在这种心情中写出来的。消极方面，我晚上失眠，就在电脑上玩扑克牌，就像抽鸦片。内心并非平静，但我把一切都看透。另外，我寻求内心平衡的方法是比下不比上。认识的人中，比我不幸的多多了。有的丧偶，有的丧子，有的老年痴呆，生活质量急剧下降，有的与子女关系很糟糕，子女不孝，有的突然病逝。上天对我已经是天高地厚了，我非常感恩。

我对儿子和孙子的教育不能说很成功，常常和他们开玩笑。小儿子小时候很可爱，眼睛大大的、圆圆的。他行二，又胖，我们叫他二胖。我逗他说，你有六个名字：小胖二、小二胖、胖小二、胖二小、二小胖、二胖小。孙子淘气，他父母批评他，他说：家里只有奶奶对我好，把我当人。我问他：爷爷对你不好吗？他说：爷爷把我当玩意。我说：我现在声明，我孙子不是个玩意。他也不答应，知道这句话更不好。我以这种方式对孩子是不妥当的，不能帮助他形成独立的人格。

我夜里经常学思喷涌,导致失眠。睡不着的时候,读一些杂书,包括《三字经》。背诵《三字经》绝对能帮助入睡。

我是南方人,但在南京大学读了一年后,决定到北京来。当时正好赶上辅仁大学招生没招够,举行补考,以再招一些学生,我参加了考试。作文题目是,分析和评论汉宣帝的"汉家自有制度,本以霸王道杂之,奈何纯任德教"这句话。我读过《汉书》,了解这句话的背景,写了篇短文。历史方面的题目是"谈谈你对范文澜先生《中国通史简编》的看法"。我回答的篇幅很长,肯定了这本书的新观点,但认为不应该全盘否定中国的东西。学校对我的答卷很满意,给了很高的分数,录取我了。

我不看戏剧,也不读小说,一生只看过二十多部电影,包括莎士比亚和狄更斯的名著。看书累的时候,听听音乐,主要是旧曲子,中外都听。我喜欢坐在沙发上听立体声喇叭放出的音乐,关掉大灯,打开彩灯,眼睛半开半闭,静心地欣赏音乐。只有这时候才能悟到一些东西,捕捉到非常细微的感情变化。在匹兹堡的时候,我们经常在周六晚上看电视上演播的匹兹堡交响乐团的演出。

我曾经学过口琴、笛子、二胡、吉他,还可以用锯条拉曲子。吹口哨能够吸气出声,音乐不停顿,可谓"吸口哨"。喜欢哼唱《斗牛士之歌》、《双鹰进行曲》、俄罗斯国歌，这些曲子都很雄壮。我在南京大学的时候，俄语系的学生经常放苏联音乐，当时我不懂。我知道苏联国歌，现在是俄罗斯国歌。我第一次听到苏联国歌时，感觉像铁链一样，一环扣一环，紧紧相连。但没想到，后来苏联一夜间解体。美国的国歌不够雄壮，有点吊儿郎当的感觉。我还喜欢听《义勇军进行曲》，法国的《马赛曲》，柴可夫斯基的《一八一二序曲》《舒伯特小夜曲》《托塞里小夜曲》《古诺小夜曲》，也喜欢中国的《茉莉花》。

历史比较研究的思路纪要

(2005年9月21日—2014年8月)

(1) 作为存在的"比较"(此节从本体论角度说)

作为人类认识对象的存在(being, sein),必然地既作为一,又作为多而比较地存在着。为什么?因为,如果它单纯地作为一而存在(一切无差异),人类对之只能感到一片混沌,一无所知;如果它单纯地作为多或杂多(manyfold, Mannigfaltigkeit)而存在,人类对之仍然只能感到一片混沌,一无所知。如果混沌的存在本身内部并未潜存着可区分的结构,那么其本身就不具备成为人类认识对象的必要条件。进一步说,人类与其所认知的对象本身也是作为一多统一而比较地存在的。再进一步说,人类自身也是既作为认识主体又作为认识对象而一多统一地存在的。由此可见，作为人类一切认识对象的存在本身就是比较着的存在。

(2) 作为研究的"比较"（此节从认识论角度说）

人类认识主体，它不仅与其对象比较地呈现着，而且其自身也必然地存在于比较的进程中。为什么这样说呢？假如没有比较，那么我们所面对的就只能是一片混沌。人类认识的真正起点只能是混沌的二分。视觉之区分光明与黑暗，听觉之区分安静与喧哗，嗅觉之区分清香与恶臭，味觉之区分鲜美与苦酸，触觉之区分柔软与坚硬，等等。一切感性知识皆由此开始。在康德的认识论体系中，在感性认识阶段作为先验的直观形式的时间与空间，是以比较的形式呈现的。在知性认识阶段作为先验的十二范畴（分为四组）也无不以比较的形式而呈现。甚至进入了他的理性认识阶段，他觉得出现了无法解决的"二律背反"（antinomy，也分为四组），黑格尔则以"存有"（being，sein）本身就包含了矛盾来加以解决。所以，康德的"二律背反"也是以一种比较的形式呈现的。

因此，比较既是一切作为认识对象的存在的基本属性，也是认识本身的基本属性。因为人类认识对象与人类认识主体的基本属性统一，所以对于真理的认识是可能的。

(3) 问题的产生[1]

现在我们做历史的比较研究，或者做比较史学的研究，常常以为这是自然而然的事情，所以一般也就不再进一步地追究。不过，如果静下来稍微作一点进一步的寻思，这样一些问题就会一一涌上心头：比较和历史有什么关系呢？如果对于历史再作具体分析，那么就会出现这样两个问题：（一、1）历史作为客观过程，它与比较有无关系？如再往下分析，那就又有两个问题：（一、1.A）无关系与（一、1.B）有关系。如果无关系，那么就没有理由把比较和历史联系（附注：本文是把"关系"和"联系"作为同义词来使用的，即英文之relation）在一起。此问题至此为止，毋庸再论。如果有关系，那么就要弄清楚它们是什么样的关系：（一、1.B.a）是内在的必然联系？还是（一、1.B.b）表层的偶然联系？答案如果是前者，那么比较就是历史的本质属性，是历史存在（the history as being）的基础。如果是后者，那么比较就是历史的偶然属性，对于历史存在就是可有可无的花絮。

如果对历史作第二种理解，即（一、2）历史作为历史学，它与比较有无关系？如再往下分析，那就又有两个问题：（一、2.A）无关系与（一、2.B）有关系。如果有关系，那么就要弄清楚它们是什么样的关系：（一、2.B.a）是内在的必然联系？还是（一、

---

[1] 按：刘先生提问和回答的方式明显是"芝诺—柏拉图"式的，即从正面和反面提出一个论点，然后从正反两面作答，得出一个逻辑上的结论。这种思考方式是他受到希腊哲学影响的体现。

2. B. b）表层的偶然联系？答案如果是前者，那么比较就是历史学的本质属性，是历史学存在（the historiography as being）的基础。如果是后者，那么比较就是历史学的偶然属性，对于历史学的存在就是可有可无的花絮。

（4）抽象的比较

抽象之比较，即在概念层面上之比较。特点有三：其一，是抽象的；其二，是超越空间的；其三，是超越时间的。其方法是分析的、演绎的，体现于逻辑学与纯数学或纯理论学科之中。因此，这种比较研究一般并不适用于历史学科。

上述问题（一、1）属于历史理论/思辨的历史哲学（speculative philosophy of history）的范围，而问题（一、2）则属于史学理论/分析的历史哲学（analytic philosophy of history）的范围。此处把历史理论与史学理论分别从属于两种历史哲学，则系从何兆武教授之说。以下将就上述问题分别地进行展开的讨论。（家和按：此段将予以改写。理由：此处仅涉及历史概念的两个层次，即作为客观过程之历史与作为对历史过程的记录之历史，而不涉及两种历史哲学之问题；如今的历史哲学已经不止思辨的与分析的两种，至少还有所谓"语言学转向"的历史哲学，加此段亦不解决任何问题。）

(5) 历史的"存在"与比较

（二、1）历史之"存在"（being，来自古希腊文的on，或译"有""是"）与西方形而上学传统中之"存在"的异同

（二、1.A）首先略说西方形而上学传统中之"存在"。在古代希腊，巴门尼德（Parmenides，鼎盛年代在公元前6世纪末或公元前5世纪前期）开创了以"存在"为知识的研究对象的传统。在巴氏看来，"存在"作为最高的抽象概念，它只能是唯一的。从空间角度看，是唯一的；从时间角度看，也是唯一的。按照这个传统，"存在"作为动词，其自身是超越时态的；如果说有时态，那就是西方一些语言里的一般现在时态，它既表示现在，又表示永恒的现在。（与此相对的只能是不存在，那是没有意义的。亦即无知识可言。柏拉图对此有所批判地发展。）在这种"存在"里，时间已经通过抽象而被剥离了。因此，对于这样的"存在"，人们一旦知道，也就永远知道了。这样就是有了知识（episteme，约相当于德文里的Wissenschaft）。与此相反，一切变动不居的、在感觉中呈现的东西，因为其自身都是不能固定的，所以也就不能给人带来任何确切的知识，而只能给人意见（doxa）。（家和按：此处有误。因大意把柏拉图之说用于此处了。要改。2009年7月17日。）这种传统下的知识，并非一般的常识性的东西，而是抽象的、永恒不变的东西。这就是西方哲学史上的形而上学的传统。

（二、1.B）这里再来看与西方形而上学传统中之"存在"不同的历史的"存在"。按历史的"存在"并不是"存在"这个抽象概

念本身，它不是抽象的、凝固的东西。毋庸置疑，一切的"存在"首先必须存在于现在，不论它是过去的现在、现在的现在还是将来的现在，否则它就从来没有存在过，那当然也就不能称其为"存在"了。的确，西方形而上学传统里的"存在"承认了现在，不过它立即就由现实的现在抽象到永恒的现在去了。

历史的"存在"，同样也离不开现在，这与西方形而上学传统有相似之处。不过，对于历史的"存在"而言，现在也是起点，但是下一步不是经过抽象而达永恒，而是对现在本身予以分析。众所周知，现在如果以几何图像来表示，它不是一个线段，而是一个点，或者说，它只不过是作为过去与将来之间的界限的一个点。这个点，尽管所占时间长度接近于零，却是一个矛盾的"存在"。它既不是过去的又不是将来的"存在"，同时既是过去的又是将来的"存在"。这里不妨试举一个例子来作说明。譬如，我们现在在开一个讨论会，当主席致开幕词时说："现在开会。"可是当他说"现"时，"在"还在将来，而当他说"在"时，"现"已成为过去。其实，当他发 xian 的声母 x 音时，ian 音还是将来，而到发韵母音时，声母音也已成过去。继续分解下去，永远如此。这样一来，现在就又涵盖了过去与将来，好像又与形而上学的传统相同了。其实不然。这里必须说明的是，西方形而上学传统中的从现在到永恒（当然包括过去与将来），是经由抽象而把活生生的现在推演为一个静态的、永恒的现在的；而我们所分析的历史的"存在"，则是经由揭示"现在"的内部矛盾，而把过去、现在与将来如实地展现为一条时间之流,理解到活生生的现在恰好不断展现于永恒活生生的时间之流中。在这里,同样也达到了永恒,不过其与形而上学传统里的永恒不同。简言之,形而上学传统里的永恒是摒弃了运动、变化的抽象的永恒,而历史的永恒则是与运动、变化相统一的活生生的辩证的永恒。

(二、2)历史之"存在"的生活/历史的基础

以上对历史之"存在"作了概念的分析,这里再论述其生活/历史之基础。

(二、2.A)历史之"存在"即生活的"存在"

广义的历史本来应该包括自然史。不过,现在人们通常所说的历史仍然是狭义的历史,即人类的历史。

人类史的主体是人类,人类直接地存在于(人类)生活之中。无(人类)生活即无人类之存在,同样,无人类也即无(人类)生活之存在。所以在逻辑上,(人类)生活与人类互为必要条件,同样,依逻辑,二者也就互为充分条件。因此,二者互为充分必要条件。所以人类的"存在"是活生生的存在,是生活的"存在"。这个道理极为明显,因此无须赘述。

(二、2.B)人类生活的"存在"即社会的"存在"

现在,我们就必须探讨人类如何才能生活的问题。马克思、恩格斯在《德意志意识形态》中说:"当人们自己开始生产他们所必需的生活资料的时候(这一步是由他们的肉体组织所决定的),他们就开始把自己和动物区别开来。人们生产他们所必需的生活资

料，同时也就间接地生产着他们的物质生活本身。……而生产本身又是以人们个人之间的交往（Verkehr）为前提的。"

按：Verkehr在俄文本里译为Общение，此字与动词"交际、往来"（Общаться），与名词"社会"（Общество），与形容词"公共的、一般的、总体的"（Общий）皆为同源（Общ）词，可见交往与社会也是互为因果的。英文和德文里的"社会"（英文里society来自拉丁文的socio，而socio意为"参与、联合、共享"。德文里"社会"Gesellschaft来自Gesell，而Gesell意为"联合、交结"）一词的情形也大体相同。

《荀子·王制》中也说到了人"力不若牛，走不若马，而牛马为用，何也？曰：人能群，彼不能群也。人何以能群？曰：分。分何以能行？曰：以义。……故人生不能无群，群而无分则争，争则乱，乱则离，离则弱，弱则不能胜物"。在这里，荀子所说的"群"，基本上相当于现在所说的"社会"。可见，中国人也早就懂得了这个道理。

（二、2.C）社会的"存在"即历史的"存在"

社会的"存在"是在交往与联系中实现的，如上所述。而社会的存在与联系的实现又往往是在时空坐标中进行的。交往与联系，就其本身而言，本来是横向的空间中的关系。可是，交往与联系只有在往来中才能实现，一往一来，就其本身而言，就已经成了纵向的时间中的关系了。

以具体历史而论，社会群体之间的交往，例如阶级之间、民族之间、国家之间的交往等等，其本身不仅是历史的过程，而且是历史进展之动力。同样，以上多种形式的社会交往又都是在既定的历史背景之下进行的，交往的诸方面也无不受着历史传承的制约。

因此，可以断言，社会的"存在"就是历史的"存在"。

（二、3）历史之"存在"与比较

以上说到，人类历史的"存在"就是社会交往的"存在"。那么社会交往在何种条件下才能实现？这就成为值得分析的问题了。

（二、3.A）社会交往与"同""异"

人类社会的交往缘起于分工。开始是原始人之间的自然分工，即依照性别、年龄的分工。一个个的原始人群依赖这种分工得以形成。从原始社会晚期起，又逐渐发展起社会分工，由此衍生出不同的社会利益集团，如阶级等。在世界经济一体化的条件下，还出现了国际分工。

分工必须具备两个条件：其一是"异"，没有性别、年龄之异，就没有自然分工之可能，没有社会经济或其他因素之异，也没有社会分工之可能。其二是"同"，只有分工中的"异"具有互补性时，分工才成为必要。譬如，如果各个集团都生产同一产品（纯粹的同），那么交换就毫无必要；如果各个集团生产的产品对对方都毫无意义（纯粹的异），那么交换也就毫无可能。所以，兼有"异""同"，对于社会交往是必不可少的条件。这种兼有"异""同"的"存在"，就是比较的"存在"。

（二、3.B）社会交往与"一""多"

人类存在于社会中,每一个人都是其中的一分子,并作为一分子在其中参与交往。当然,社会并非抽象的群体,它是由多方面、多层次的群体结构组成的。原始人群、氏族、部落、家庭、宗族、乡党、社区、等级、阶级、民族、国家等,就是历史上曾经或仍然存在的社会群体。每一个人生活在一个最基层的社会群体(如家庭)之中,他作为一个人,本来是"一",可是一旦加入这个群体,他就成了其中诸分子之"多"内之"一",或者说成了"小一";而含有诸分子之"多"的群体本身却一变而为"一",或者说"大一"。当一个小的群体加入一个较大群体(如家庭加入社区)的时候,前者又由本来的"大一"(相对于个人而言)一变而为"小一"(家庭相对于社区而言),后者却成为上一层的"大一"。如此类推,多层次、多方面的"一""多"关系就层出不穷了。

人们在各种各样的社会交往中形成了种种"一""多"关系,这也是人类"存在"的必不可少的条件。这种兼有"一""多"的"存在",也就是比较的"存在"。

(二、3.C)社会交往与"常""变"

以上两小节讲"一与多""同与异",它们看起来好像是共时性的,其实,活生生的社会的"一与多""同与异"都存在于时间之中,其比较作为过程都是历时性的。例如,作为社会最小单位的家庭,是由男女老幼之"异"组成的"同"——同一个家庭,也是由家庭成员之"多"组成的"一"——同一个家庭。当这个家庭继续存在的时候,它本身是"常",而这个家庭的存在却有赖于生育与成长，这也就是说，有赖于"变"——儿子变为父亲，父亲变为祖父，换一句话说，即儿子因为生了儿子才变为父亲，他的儿子又生了儿子，他才变为祖父，一个人还可以既是其子之父同时又是其父之子，等等。再如，人类社会总生存于一定的社会体制之中，当一种社会体制为另一种社会体制所取代的时候，就会发生前后社会体制之间的"异"，但是其为"社会体制"则"同"。前后存在的社会体制自然为"多"，但是其为"社会体制"则"一"。这也就是说，当一种社会体制为另一种社会体制所取代的时候，历史发生了"变"，而"社会体制"本身却在历史长河中作为"常"存在着。

（二、3.D）"同、异""一、多"与"常、变"的比较

"同"与"异"二者本身各自为"一"，一旦作为"同异"关系中的分子，它们就各自成为"小一"，而"同异"关系本身就又成为"大一"。

"一"与"多"二者本身各自为"一"，一旦作为"一多"关系中的分子，它们就各自成为"小一"，而"一多"关系本身就又成为"大一"。

"常"与"变"二者本身各自为"一"，一旦作为"常变"关系中的分子，它们就各自成为"小一"，而"常变"关系本身就又成为"大一"。

"小一"何以各自为"一"？因为其间有"异"；"小一"何以能够组成"大一"？因为其间有同。"小一"相对于"大一"为"同"中之"异"，"大一"相对于"小一"为"异"中之"同"。

所以,"一多""同异"与"常变"三者关系本身也有其"一多""同异"与"常变"的关系。或者说,这三对关系只是对同一"存在"作不同角度观察与思考的结果——"同异"关系为就其"质"而言者,"一多"关系为就其"量"而言者,此二者直接地表现为共时性关系;"常变"关系为就其"时"而言者,直接地表现为历时性的关系。就其表现为共时性关系的二者而言,"一"与"同"虽异而同,虽多而一;"多"与"异"亦复虽异而同,虽多而一。所以,它们自身也是比较的"存在"。共时性与历时性的两种关系之间也存在着比较的关系,"常"往往与"一""同"相对应,"变"往往与"多""异"相对应。

(二、3.E)本节之小结:比较作为历史"存在"的基础

历史的"存在"即存在于"同与异""一与多""常与变"的比较之中,离开此三者的比较,历史便不能存在。因此,我们有理由说,历史之"存在"就是"比较的存在",或者说历史之"是"就是"比较的是"。所以,只要我们仍旧以曾经客观地存在过的历史过程作为历史学的研究对象,那么,作为"比较"的"是"自然就可以作为历史学的存有论(或本体论ontology)的基础。

历史的比较研究又可分为作为过程的历史、作为史学的历史与作为史学理论的历史三个层次。(2014年8月14日)

历史的比较研究还包含对于在场与不在场二者之相互作用的揭示。此点甚重要,异世、异时之间的相互作用在史学研究中乃不可或缺之关键。

比较研究之方法，基本上是逻辑的。个别事物之间是无法直接地比较的，必须自某一共同角度抽出其共相（作为属概念），然后再以此为基础，辨识其殊相（作为种差），于是乃有定义。对一物与他物，可以从不同方面作出各种不同之定义。譬如，兹有二人于此，吾人不妨就其性别、年龄、籍贯、职业分工等方面寻出其间之异同。异必以同为条件，此即逻辑中之明确的规定。无同之异则为杂多、为混沌，不可知矣。

按：由此亦可知，比较之分析的方面与层次可以无限，因而，比较研究本身难以穷尽。再则，比较研究必经对活生生之直接性加以抽象，其本身极易成为间接性之对象。故体验、理解与解释，对研究活生生之展现，亦实为不可或缺者矣。（2014年8月14日上午记）

比较研究之精确，关键在于所比皆为定义，即对同属内部种差之间关系的辨识。只有经过定义，才能得到明确的规定性；而规定即否定，同属而异种差之方面即被排斥在外。这样，由定义所规定的方面就成为永恒的在场者，而异种差被排斥在外之方面即成为不在场者。（2014年8月15日补充）

自我提示：加达默尔所说"效果的历史"（Wirkungsgeschichte）、"视域融合"（Horizontverschmelzung）于此皆可作为我们思考问题之参考。

家和附记：2005年9月21日开始撰写，中经9月24—27日准备与召开中外史学理论比较研究项目课题组全体成员会，加之9月28

日与10月1、2日三天休息，10月4日撰写至此，历时近半月，实际写作时间亦一周矣。

经多年多次之复阅与思考，终于发现以上文字仅仅论及人类活动过程层面上之历史，而未涉及作为对于历史本身过程之记录与思考过程的史学的历史。西方哲学传统中的在场形而上学对于史学研究实为极大之障碍。故本文必须展开地阐述之。作为本文之第二部分来论说。史学不排除逻辑思维，但不能局限于逻辑思维，需要有在场与不在场之统一，理智与激情之统一。（2014年8月8日附记）

2014年8月9日附记：近读《史学理论研究》2014年第3期，第42—48页，《一个古老名词的未来：兼论当下主义历史观》，弗朗索瓦·阿尔托格著，黄艳红译。对"当下主义"问题的思考。

2014年8月28日附记：史学家，作为史学之认识主体，对于其对象的把握，是统观异时与异地的；当然，史家认识主体是有其具体的时间与空间的局限的，即此时与此地。异时与异地之人、之事，对于此时此地而言已经不复在场，可是在史学家的思想中他们却是全都在场的。

人文学科与自然科学都必须应用比较的方法，不过其间的比较也必须是有所区别的。人类作为有理性的动物，必然保有作为动物的自然性的一方面。人与自然的关系表现在科学、技术、生产力方面，这些都不再简单地是自然界各方面之间的纯自然关系。

关于比较和不可公度性问题纲要

一、关于比较

（1）比较的概念

词义的说明：根据一些语言，可知其内涵包括一与多、同与异等对立之统一。

比较与概念类分层次的关系：类分、区分、定义（基本分为二类）。

"混沌"概念之缘起：起于外物（徐整《三五历记》）？起于心智（黑格尔之《精神现象学》）？对于个别之人而言，其生之前与死之后皆为混沌，至于人群（以至群之层级）则又有具体之不同。

混沌（chaos）与比较（compare）

比较之二重性/对偶性（duality）兼同异，互斥又互引。

异同，是非/有无，一多，大小，常变/动静，先后，远近，因果等。

（2）作为过程的历史，即展现在比较之中。自然史、人类史皆如此。比较为历史展现之必要条件？

（3）作为史学的历史，即展现在比较之中。比较为史学展现之必要条件？

（4）比较研究在逻辑上的可能性及其局限性。

可能性：定义，属概念加种差，可公度与不可公度之统一。分析具有无限的推演性，因此在理论上可以不断精密化。人是有理性的动物，其思维必有理性，故逻辑为治史不可少之工具。但是，其也有局限性：分析在理论上的无限推演性与现实中的具体参数（parameter）的有限性形成相互制约的矛盾。再则，活生生之个体必分别被无数方面加以定义，精确了，但成为"间接的"了。人既然在属概念层次上还是动物，就不可能完全地消除动物的自然性。所以，人既是有理性的动物，又是有激情的动物。而激情则是无法以逻辑的工具加以认知的。

（5）比较研究在体验中的可能性及其局限性。狄尔泰以生命体验生命，但是又难以精确，且体验必因人而异。

（6）先验分析命题和经验综合命题与比较研究之关系。

（7）先验综合命题在史学研究中的意义。逻辑与历史的统一。

（8）比较研究中的史学就是在比较研究中不断进展之史学。历史学本身就是历史的。

（9）逻辑之真与经验之实。

（10）价值判断（善）与知识判断（真）之关系（4、5两条有密切关系)。

(11) 真有之唯名/唯实之辨。

二、关于"不可公度性"(incommensurability) 问题

(1) 词义的说明。

(2) 对托马斯·库恩的发明与其所引起的争议的简述(简述库恩此说之语境,对此前争议或从略)。

三、可公度性与不可公度性之统一(对于库恩此说的分析与回应)

(1) 在种(species)概念层次为不可公度者,在属(genus)概念层次为可公度者。

(2) 库恩之"范式"(paradigm)或"学科基质(矩阵)"(disciplinary matrix)的鲜明的结构主义的特色,与"历史主义的科学哲学"的称号似难相容,与从量变到质变亦似是而非。

(3) 库恩以为人文科学必待"范式"方式进展方能列入现代科学之林,恐更属武断。

四、以属、种系统为比较研究基本方法的优长与局限

(1) 属、种系统下的比较之优长面:区分清晰、层次清晰、方面广阔、可按需要不断深入。两种定义各有所长(本质、特性)。

(2) 属、种系统下的比较之局限面:无法脱离属、种系统,深

入程度至个体而止（个体为种属的终点），如欲对个体作比较，则必对双方再作概念之类分、区分，如此而无限。不可公度性在比较不断深入过程中呈不断减弱之趋势。

余论：历史的比较研究方法与体验方法（此处仅提出问题）。

大学问,广西师范大学出版社学术图书出版品牌,以"始于问而终于明"为理念,以"守望学术的视界"为宗旨,致力于以文史哲为主体的学术图书出版,倡导以问题意识为核心,弘扬学术情怀与人文精神。品牌名取自王阳明的作品《〈大学〉问》,亦以展现学术研究与大学出版社的初心使命。我们希望:以学术出版推进学术研究,关怀历史与现实;以营销宣传推广学术研究,沟通中国与世界。

截至目前,大学问品牌已推出《现代中国的形成(1600—1949)》《中华帝国晚期的性、法律与社会》等100余种图书,涵盖思想、文化、历史、政治、法学、社会、经济等人文社会科学领域的学术作品,力图在普及大众的同时,保证其文化内蕴。

"大学问"品牌书目

大学问·学术名家作品系列

朱孝远　《学史之道》
朱孝远　《宗教改革与德国近代化道路》
池田知久　《问道:〈老子〉思想细读》
赵冬梅　《大宋之变,1063—1086》
黄宗智　《中国的新型正义体系:实践与理论》
黄宗智　《中国的新型小农经济:实践与理论》
黄宗智　《中国的新型非正规经济:实践与理论》
夏明方　《文明的"双相":灾害与历史的缠绕》
王向远　《宏观比较文学19讲》
张闻玉　《铜器历日研究》
张闻玉　《西周王年论稿》
谢天佑　《专制主义统治下的臣民心理》
王向远　《比较文学系谱学》
王向远　《比较文学构造论》
刘彦君　廖奔　《中外戏剧史(第三版)》
干春松　《儒学的近代转型》
王瑞来　《士人走向民间:宋元变革与社会转型》
罗家祥　《朋党之争与北宋政治》

大学问·国文名师课系列

龚鹏程　《文心雕龙讲记》
张闻玉　《古代天文历法讲座》

刘　强　《四书通讲》
刘　强　《论语新识》
王兆鹏　《唐宋词小讲》
徐晋如　《国文课：中国文脉十五讲》
胡大雷　《岁月忽已晚：古诗十九首里的东汉世情》
龚　斌　《魏晋清谈史》

大学问·明清以来文史研究系列
周绚隆　《易代：侯岐曾和他的亲友们（修订本）》
巫仁恕　《劫后"天堂"：抗战沦陷后的苏州城市生活》
台静农　《亡明讲史》
张艺曦　《结社的艺术：16—18世纪东亚世界的文人社集》
何冠彪　《生与死：明季士大夫的抉择》
李孝悌　《恋恋红尘：明清江南的城市、欲望和生活》
李孝悌　《琐言赘语：明清以来的文化、城市与启蒙》
孙竞昊　《经营地方：明清时期济宁的士绅与社会》
范金民　《明清江南商业的发展》
方志远　《明代国家权力结构及运行机制》
严志雄　《钱谦益的诗文、生命与身后名》
严志雄　《钱谦益〈病榻消寒杂咏〉论释》
全汉昇　《明清经济史讲稿》

大学问·哲思系列
罗伯特·S.韦斯特曼　《哥白尼问题：占星预言、怀疑主义与天体秩序》
罗伯特·斯特恩　《黑格尔的〈精神现象学〉》
A.D.史密斯　《胡塞尔与〈笛卡尔式的沉思〉》
约翰·利皮特　《克尔凯郭尔的〈恐惧与颤栗〉》
迈克尔·莫里斯　《维特根斯坦与〈逻辑哲学论〉》
M.麦金　《维特根斯坦的〈哲学研究〉》
G·哈特费尔德　《笛卡尔的〈第一哲学的沉思〉》
罗杰·F.库克　《后电影视觉：运动影像媒介与观众的共同进化》
苏珊·沃尔夫　《生活中的意义》
王　浩　《从数学到哲学》
布鲁诺·拉图尔　尼古拉·张　《栖居于大地之上》

罗伯特·凯恩 《当代自由意志导论》
维克多·库马尔　里奇蒙·坎贝尔 《超越猿类：人类道德心理进化史》

大学问·名人传记与思想系列
孙德鹏 《乡下人：沈从文与近代中国（1902—1947）》
黄克武 《笔醒山河：中国近代启蒙人严复》
黄克武 《文字奇功：梁启超与中国学术思想的现代诠释》
王　锐 《革命儒生：章太炎传》
保罗·约翰逊 《苏格拉底：我们的同时代人》
方志远 《何处不归鸿：苏轼传》
章开沅 《凡人琐事：我的回忆》

大学问·实践社会科学系列
胡宗绮 《意欲何为：清代以来刑事法律中的意图谱系》
黄宗智 《实践社会科学研究指南》
黄宗智 《国家与社会的二元合一》
黄宗智 《华北的小农经济与社会变迁》
黄宗智 《长江三角洲的小农家庭与乡村发展》
白德瑞 《爪牙：清代县衙的书吏与差役》
赵刘洋 《妇女、家庭与法律实践：清代以来的法律社会史》
李怀印 《现代中国的形成（1600—1949）》
苏成捷 《中华帝国晚期的性、法律与社会》
黄宗智 《实践社会科学的方法、理论与前瞻》
黄宗智　周黎安 《黄宗智对话周黎安：实践社会科学》
黄宗智 《实践与理论：中国社会经济史与法律史研究》
黄宗智 《经验与理论：中国社会经济与法律的实践历史研究》
黄宗智 《清代的法律、社会与文化：民法的表达与实践》
黄宗智 《法典、习俗与司法实践：清代与民国的比较》
黄宗智 《过去和现在：中国民事法律实践的探索》
黄宗智 《超越左右：实践历史与中国农村的发展》
白　凯 《中国的妇女与财产（960—1949）》

大学问·法律史系列
田　雷 《继往以为序章：中国宪法的制度展开》

北鬼三郎 《大清宪法案》
寺田浩明 《清代传统法秩序》
蔡　斐 《1903：上海苏报案与清末司法转型》
秦　涛 《洞穴公案：中华法系的思想实验》
柯　岚 《命若朝霜：〈红楼梦〉里的法律、社会与女性》

大学问·桂子山史学丛书
张固也 《先秦诸子与简帛研究》
田　彤 《生产关系、社会结构与阶级：民国时期劳资关系研究》
承红磊 《"社会"的发现：晚清民初"社会"概念研究》

大学问·中国女性史研究系列
游鉴明 《运动场内外：近代江南的女子体育（1895—1937）》

其他重点单品
郑荣华 《城市的兴衰：基于经济、社会、制度的逻辑》
郑荣华 《经济的兴衰：基于地缘经济、城市增长、产业转型的研究》
拉里·西登托普 《发明个体：人在古典时代与中世纪的地位》
玛吉·伯格等 《慢教授》
菲利普·范·帕里斯等 《全民基本收入：实现自由社会与健全经济的方案》
王　锐 《中国现代思想史十讲》
简·赫斯菲尔德 《十扇窗：伟大的诗歌如何改变世界》
屈小玲 《晚清西南社会与近代变迁：法国人来华考察笔记研究（1892—1910）》
徐鼎鼎 《春秋时期齐、卫、晋、秦交通路线考论》
苏俊林 《身份与秩序：走马楼吴简中的孙吴基层社会》
周玉波 《庶民之声：近现代民歌与社会文化嬗递》
蔡万进等 《里耶秦简编年考证（第一卷）》
张　城 《文明与革命：中国道路的内生性逻辑》
洪朝辉 《适度经济学导论》
李竞恒 《爱有差等：先秦儒家与华夏制度文明的构建》
傅　正 《从东方到中亚——19世纪的英俄"冷战"（1821—1907）》
俞　江 《〈周官〉与周制：东亚早期的疆域国家》
马嘉鸿 《批判的武器：罗莎·卢森堡与同时代思想者的论争》
李怀印 《中国的现代化：1850年以来的历史轨迹》